D O C U M E N T O S

I

IMPRENSA DA UNIVERSIDADE DE COIMBRA
COIMBRA UNIVERSITY PRESS

U

EDIÇÃO

Imprensa da Universidade de Coimbra
Email: imprensa@uc.pt
URL: http//www.uc.pt/imprensa_uc
Vendas online: http://livrariadaimprensa.uc.pt

COORDENAÇÃO EDITORIAL

Imprensa da Universidade de Coimbra

CONCEÇÃO GRÁFICA

António Barros

IMAGEM DA CAPA

By Ildar Sagdejev (Specious) (Own work)
(http://creativecommons.org/licenses/by-sa/4.0-3.0-2.5-2.0-1.0)],
via Wikimedia Commons

INFOGRAFIA

Mickael Silva

PRINT BY

CreateSpace

ISBN

978-989-26-1077-1

ISBN DIGITAL

978-989-26-1078-8

DOI

http://dx.doi.org/10.14195/978-989-26-1078-8

DEPÓSITO LEGAL

402029/15

CRÓNICAS
AO ACASO

J. J. Pedroso de Lima

IMPRENSA DA UNIVERSIDADE DE COIMBRA
2015

SUMÁRIO

PREFÁCIO

Quando o Prof. Pedroso de Lima, cunhado e amigo, me dirigiu o honroso convite de prefaciar o seu livro, compilação das crónicas que foi escrevendo e publicando, confesso a minha alegria, mas também não escondo a minha apreensão face à responsabilidade da tarefa. Interpretei este presente como sendo o reconhecimento da minha identificação com o que escreveu, e eu li, estudei e analisei, com tal atitude criteriosa, como se de textos meus se tratasse. A afinidade e o empenho, não seriam maiores.

Sabendo que o prefacio *é precioso para suscitar no destinatário a vontade de ir em frente na leitura de um livro*, como afirma Carlos Ceia no seu dicionário de termos literários, pode acontecer que Calíope, a musa da eloquência, me inspire, reconhecendo em mim o imperioso desejo de proceder a uma justa valorização do conteúdo desta obra.

Na vida, há horas felizes. Foi numa dessas horas que Pedroso de Lima resolveu escrever crónicas, verdadeiras historias bem contadas, que dão prazer de ler, pois são escritas quer sobre aquilo de que se gosta, quer sobre o que se sabe, porque se viveu. Passe embora a hipérbole proposta, já Oscar Wilde dizia que *qualquer pessoa podia fazer história, mas apenas um grande homem sabia escrevê-la.*

Através desta sua escrita de terapia, [versus a escrita científica, profunda de quem procura alcançar o objetivo de todo o verdadeiro cientista /investigador, "descobrir e usar oportunidade de progresso, conhecer e aprofundar uma área do saber"* e que dominou com maestria!] podemos descortinar o homem multifacetado, produto dos ensinamentos que a sua vida, rica, recheada de "diferenças",lhe proporcionou. Assim, viu na redação de crónicas, mais uma forma de cumprir objetivos sobretudo de natureza social; crónicas marcadas pelas recordações da infância, da juventude, do adulto; crónicas de opinião, marcadas pela reflexão, pela crítica sociopolítica, pelo inconformismo, pelo registo de valores; crónicas marcadas pelo humor e ironia, mas sobretudo a elevação da Amizade, sentimento constante, como sendo uma bandeira sempre hasteada no mastro da Vida.

Este título, Crónicas ao Acaso, e não por acaso, creio ter muito a ver com a facilidade com que os temas de conversa, as recordações mais diversas surgem na cabeça do autor duma forma tão espontânea, tão aleatória no que diz respeito à cronologia, com a mesma facilidade as passa ao papel, no que se distancia de Isaac Singer ao afirmar que *o caixote do lixo é o melhor amigo de um escritor*. Pedroso de Lima domina a Língua materna, brinca com as palavras, e com as mesmas nos faz orgulhar de reparar como é possível transmitir ideias, sentimentos, duma forma tão genuína, tão conformemente rigorosa e convincente...

"Aprendi que a arte de sentir o sentir dos outros, pode tornar um descampado num jardim" [Crónica Os Ingleses];

"Senti-me num mundo diferente como se tivesse subido a um patamar do espírito que não conhecia." [Crónica A Igreja Verde];

" Nunca haverá ninguém mais meu irmão do que o Jana! Nunca houve amigo mais dentro da minha alma, que o Jana! Quem tem Jana como amigo, só irá ter um amigo!" [Crónica Jana];

"...daqueles que sabem que não sabem e agem como se soubessem"[Crónica Ignorâncias].

Tive o privilégio e a oportunidade de me encantar com estas crónicas à medida que iam sendo publicadas no Diário das Beiras. Estou certa de que o mesmo acontecerá ao público leitor, que dificilmente irá resistir e a voracidade da leitura é inevitável: contagiará todos.

Maria Laura Mendes

*Professor Doutor Adriano Oliveira

INTRODUÇÃO

Na sua vasta maioria, as presentes crónicas são textos do autor, publicados no Diário as Beiras, durante os três últimos anos e no seguimento de um acordo estabelecido entre este jornal e as Lojas de Saber / Exploratório CCVC. Embora aparecendo no jornal na secção "Opinião" com a designação complementar de "Lojas de Saber: recordar e recrear", não se trata de opiniões, mas de crónicas e relatos ficcionados. O aparecimento destas crónicas faz parte de uma lista de ações, nascidas na criação das Lojas de Saber e destinadas a incentivar os mais velhos a executarem tarefas motivadoras. Basicamente as Lojas de Saber são uma instituição, sem fins lucrativos, com a finalidade de aproveitar a experiência de pessoas que desempenharam actividades profissionais nas mais diversas áreas e que, estando agora na condição de reformadas, querem oferecer os seus conhecimentos de forma gratuita, solidária e empenhada, a outros elementos da sociedade. A realização de conferências por pessoas idosas, de cursos e lições em diversas instituições e de iniciativas em Lares e Centros de Dia, são as principais atividades até aqui concretizadas.

A pouca adesão à escrita de crónicas, neste contexto, por parte dos idosos ligados às Lojas de Saber, acabou por fazer caír nos ombros do autor a tarefa de não deixar morrer a ideia. Esta veio a transformar-se numa iniciativa que mostrou ser do agrado dos leitores e ter a vantagem complementar de divulgar a existência das Lojas de Saber / Exploratório CCVC.

De facto, à medida que ia escrevendo as crónicas que se encontram nesta obra, uma atividade um tanto ou quanto distante da minha formação, fui ouvindo comentários favoráveis de diversas pessoas, outras apareceram a incentivar-me e, sobretudo, comecei a sentir que estava a criar uma ligação especial com os leitores. É interessante verificar como a escrita nos torna quase íntimos de pessoas que nem conhecemos. O exemplo daquela Senhora idosa, que me veio repreender por eu estar a demorar demais na publicação das crónicas, que eram das coisas que mais gostava de ler no jornal. Senti-me grato e apeteceu-me dar uma beijoca enorme naquelas faces enrrugadas.

Apesar dos incentivos, ainda não me libertei totalmente da convicção de que começar a escrever aos oitenta poderá ser uma manifestação rara de senilidade, que só tem como vantagem o fazer sentir aos autores que não têm muito tempo a perder.

A maioria destas crónicas tem uma base real e algumas delas a vivência pessoal dos factos.

Talvez seja demasiado, da minha parte, desejar que o leitor tenha o mesmo prazer ao lê-las que eu senti ao criá-las mas, mesmo assim, faço esse voto.

Muito da existência deste livro deve-se aos conselhos, ao apoio e à amisade da Dra. Maria Laura Mendes que, para além das ações concretas relacionadas com os textos, proferiu uma apresentação nas Lojas de Saber, no dia 19 de Outubro de 2014, sobre estas crónicas, intitulada "Entre as crónicas e a vida". O meu mais agradecido reconhecimento pela amizade e por tudo o que fez.

Aos meus outros críticos, que sempre leram e comentaram todo o material antes da publicação, o Prof. Victor Gil, O Dr. Manuel Pedroso de Lima, o Major General António Pedroso de Lima, o Prof. Adriano Pedroso de Lima, a Dra. Maria Lucinda Campos Torneiro e a minha filha Margarida, o meu reconhecido muito obrigado.

Para o Diário as Beiras a minha gratidão pela publicação das crónicas.

Agradeço, por fim, aos responsáveis da Imprensa da Universidade de Coimbra por aceitarem publicar uma obra de um autor desconhecido e de qualidade discutível.

OS FATOS VERDES

Tudo parecia normal, apesar de detestarmos a cor dos fatos. Eu e os meus irmãos, os dois que, na altura, fins dos anos quarenta, estavam comigo no liceu.

O meu pai comprara uma peça de fazenda, sabe-se lá aonde, e mandou fazer fatos iguais para nós, os três mais velhos. Não sei se na altura já havia desenhadores de tecidos, devia haver, mas aquele sonhava, de certeza, com répteis, pois o tecido parecia mesmo inspirado na pele do sardão. Um verdadeiro pesadelo!

Os três juntos, com aqueles fatos, lembrávamos um grande plano de um filme de terror, mas, mesmo assim, tudo parecia normal.

As coisas só se alteraram quando um colega me disse: - Não sabia que tinhas um irmão coxo! Respondi surpreso: - És maluco, somos quatro, felizmente todos sãozinhos... apesar de dizerem que me falta um parafuso. Mas o colega voltou à carga - Eh pá, escusas de mentir porque eu bem vi. Mandei-o bugiar mas fiquei a pensar em coisas terríveis, onde o meu pai era o principal protagonista.

O mistério esclareceu-se quando me dirigi ao recreio. Vi-o logo, era um colega do ano anterior ao meu, nem alto nem baixo, mas que tinha o sapato do pé direito com uma sola de dez centímetros e manquejava. Manquejava no seu fato verde, cor de sardão, igualzinho aos nossos!

A visão arrepiou-me e o raio do fato pareceu-me ainda mais horrível. Só me acalmou o espírito o pensamento de que ele tinha bem mais razões para estar desapontado com o destino do que eu.

A partir daí foi uma desgraça. Não havia ninguém que não me falasse no irmãozinho aleijado. A acrescentar que, ainda por cima, o último apelido do infeliz era o mesmo que o nosso!

Até houve um professor que me disse: - O teu irmão deficiente está com muito mais atenção na aula que tu! Fiquei a detestá-lo depois disso, para sempre.

Não percebo muito bem a reação que tive, de início, em relação ao quarto fato, mas lembro-me que evitava o pobre rapaz o mais possível e sentia-me irritado quando ele era associado ao nosso grupo.

Mas isso foi só no início, porque depois veio o arrependimento e tanto eu como os meus irmãos como que adotámos o quarto sardão. Passámos a defendê-lo e protegê-lo nos difíceis confrontos dos feriados e quartos de hora de intervalo. Dividíamos as guloseimas com ele e dávamos-lhe selos e estampas dos ases do futebol. Amizades de sardão!

Passado algum tempo, com os fatos já sem aquele brilho das peles vivas, tudo ficou quase normal, passaram a dizer que ele era meu primo...

Muitos anos depois ainda o meu pai defendia: - Nunca vocês tiveram um fato como aquele!

OSSOS

Era um velho artesão que tinha uma das muitas tendas que havia junto do porto.

Usava um bigode recurvado e fazia trabalhos com dentes e ossos de baleia e de outros animais. Recordações da ilha, colares, pulseiras, etc. que expunha em tabuleiros inclinados. Comprei-lhe uma miniatura de golfinho em osso, de que gostei mal a vi.

Paguei, despedi-me e ele respondeu-me com um "Bons ossos, companheiro!" que me fez virar para trás e perguntar-lhe se era tradicional esta forma de despedir.

Não, não, só quem percebe os ossos é que a faz, respondeu-me.

Pedi-lhe uma vez mais que me explicasse o queria dizer com isso de perceber os ossos.

Então ele disse: - Já viu que a parte mais secreta e mais bem defendida do corpo é o interior dos ossos profundos?

Já viu que o corpo desaparece e os ossos ficam, como um cofre que resiste ao fogo?

Já pensou que a alma pode estar guardada nos ossos, que as nossas recordações mais secretas e mais bem defendidas, podem também lá estar?

A alma só morre se formos cremados. Pode viver muito tempo se formos enterrados.

Tentei interrompê-lo perguntando, então e o cérebro, não faz nada?

O cérebro é a fábrica, os ossos o depósito secreto. Vou contar-lhe uma história, se quiser ouvir.

Interrompeu para atender um cliente e recomeçou depois:

Talvez há trinta anos dei uma queda terrível enquanto escalava aquela montanha ali, apontou para uns penhascos escuros que se vislumbravam entre nuvens brancas e baixas.

Fiquei no fundo de um penhasco com os ossos da bacia e um fémur partidos, quase dois dias, à espera de socorro.

Tive tempo suficiente para verificar muitas coisas e uma delas é que não me lembrava do nome da minha falecida nem dos meus filhos, nem mesmo da rua onde morava e outras coisas. Só informação especial que devia estar guardada naquele fémur.

Tem a certeza que não bateu com a cabeça, perguntei. (No íntimo não estava totalmente convencido que o homem não me estivesse a gozar).

O capacete não me saiu da cabeça, disse ele e, apesar da queda tive mais que tempo para ter momentos de lucidez e analisar o que sentia.

Já vi que não acredita no que estou a dizer, continuou, deve ser médico. Já viu que no sinal da morte estão dois fémures junto de um crânio? Isso não lhe diz nada? Já pensou por que é que os ingleses dizem "I feel it in my bones"?

Pareceu-me que já chegava e deixei o homem com os seus ossos, dentes e teorias bizarras.

Quando cheguei a casa fui ver o que se sabia sobre a localização das células nervosas responsáveis pela memória.

Não encontrei nada que pudesse fazer crer haver informação retida em células nervosas no fémur ou no sacro do homem. Nos ossos de baleia também não.

Contudo, ainda preciso de explicar por que é que, quando me esqueço de alguma coisa e a quero lembrar, bato com a mão na coxa, bem em cima do fémur...

SOBRE CHAMPÔS

Em serviço, deslocava-me de Lisboa a Faro no Pendular. Pouca gente na 1ª classe. Pensei que ia ter uma viagem calma. O meu lugar junto da janela tinha uma pequena mesa separando-o do lugar em frente. Estávamos a partir quando apareceu uma senhora dos seus cinquenta e tal, dinâmica e com várias malas com discretos letreiros de marcas de produtos de beleza. Ajudei-a a colocar as malas nos suportes. Ela sentou-se no lugar em frente a mim, junto da janela.

Andados uns quilómetros senti que a senhora olhava na direção da minha cabeça, ou talvez um pouco acima. Olhei para o teto e a senhora riu-se. - Estava a olhar para o seu cabelo, disse ela. Peço-lhe que me perdoe mas tem a ver com a minha profissão. Penso que devia usar um champô diferente para o cabelo que tem. Abordagem bem original, pensei, mas respondi: - O meu conhecimento na área da cosmética capilar é nulo. Agradeço muito o seu conselho mas devo dizer que é assunto que não me interessa particularmente.

- Acho que devia interessar. Por detrás de um simples champô pode estar muita coisa, disse a senhora. Pareceu-me conversa de vendedor e tentei evadir-me com a ironia: - Absolutamente fascinante! Ela olhou-me sem expressão e disse: - Já viu que o champô é o produto de consumo corrente que é aplicado mais próximo da nossa inteligência? Uma proximidade tão acentuada não admite compromissos quanto a agressões químicas,... mas pode até oferecer oportunidades.

Fiquei fascinado com aquela introdução. A senhora até era simpática e o seu tom de voz agradável. - O que é que isso quer dizer, perguntei? Respondeu-me: - Em primeiro lugar, se, como se diz, não devemos poupar com o estômago, pois, muito menos com o cérebro. Há, assim, que utilizar no champô produtos com inocuidade cientificamente comprovada, para não termos outros fatores de envenenamento cerebral para além dos que são inevitáveis, como os media, certos discursos, etc. Por outro lado, uma interação com o substrato anímico, diária ou próxima disso, por uma via de proximidade, poderá vir a ser uma arma farmacológica decisiva na profilaxia do nosso tão ameaçado equilíbrio mental. A dama fala com rigor matemático, pensei. Resolvi gozar um pouco e disse: - Mas isso é um salto de gigante que poderá aproximar a cabeleireira do neurocirurgião e criar novas perspetivas a grupos desfavorecidos!

Ela pareceu não apreciar demasiado a minha piada e continuou: - Trata-se de um problema à escala global que não pode ser ignorado. Já viu as consequências que podem advir de um governo autoritário a controlar a mente das pessoas com a introdução de produtos secretos no champô?

- Ou as prendinhas de champô distribuídas pelos partidos na altura das eleições, acrescentei eu, com uma gargalhada.

- Olhe que o assunto é sério e estou a tentar estudá-lo com alguma profundidade, um mundo novo no meu conhecimento. - Qual é a sua formação, perguntei. - Tenho um curso de letras, mas tenho conhecimentos de cosmética e pele, respondeu. - Acho que também devia saber de osso, porque o cérebro está depois da caixa craniana, disse eu.

- Posso não saber de osso mas sei que os gradientes de concentração podem originar correntes apreciáveis através do osso vivo. Os antibióticos, por exemplo, atuam nas doenças ósseas. Dito isto, a senhora levantou-se e começou a tirar as malas . Estávamos no Pinhal Novo. - Tive muito prazer, disse e lá se foi. Final glorioso, pensei.

Peguei no meu portátil. Não me parecia que pudesse haver investigação sobre o tema de reforçar a inteligência via champô.

Comecei por procurar a bibliografia disponível e descobri logo uma obra com um título fascinante: "Don't Go Shopping For Hair-Care Products Without Me" ou seja, "Não vá comprar produtos para o cabelo sem mim" da autoria de Paula Begoun, especialista de produtos de beleza. Além de me parecer ter a autora descoberto uma sofisticada maneira de marcar encontros, nada descobri de interesse no que se refere à ação sobre o cérebro. Não consegui apanhar qualquer referência na net ao tema que procurava. Instalou-se então em mim a sensação de que tinha sido bem gozado e senti uma estranha vontade... de coçar a cabeça.

ALEX

O Alex era um tipo de família, mas dissidente. Tinha abandonado a casa dos pais e andado por aí. Fora artista de circo e guia de alpinismo. Cumpria o serviço militar, como sargento miliciano na mesma unidade que Alfredo, nos fins dos anos cinquenta do século passado. Era um atleta de respeito. Fazia o pino só com um braço, dava saltos mortais variados, subia escarpas e, rapidamente, descia ravinas de 80 metros, em *rappel*.

O Alex era altamente sugestionável, acreditava em tudo o que lhe diziam e falava com frequência em espíritos e fantasmas. Sabendo disto, um dos aspirantes, colega de Alfredo, pensou pregar-lhe uma partida. Com o conhecimento de Alfredo, convenceu o Alex de que havia no Regimento um médium reconhecido, inclusive elemento destacado de uma importante associação espírita, mas que fazia questão de não ser conhecido.

O Alex ficou com aquilo no ouvido e andou, dia após dia, a pedir ao aspirante que lhe dissesse o nome da pessoa. Após tanta insistência e com a promessa de não divulgar, (tudo dentro da estratégia prevista), o oficial indicou o Alfredo como o célebre médium. Daí em diante o Alex passou a tratar Alfredo com uma respeitosa reverência, associada a uma solicitude que obrigava este a dominar-se, para não desatar a rir.

Para além disso, tudo se passava normalmente, enquanto Alfredo e o amigo iam gozando com a partida.

Num certo fim-de-semana invernoso, algum tempo depois, aconteceu que o oficial de dia ao Quartel era o Alfredo e o sargento de dia o Alex. O quartel estava praticamente deserto e, na sua ronda noturna, o Alfredo entrou na sala de jogos onde estava o Alex, sozinho, a ler um jornal.

- Boa noite, Sargento Alex, tudo bem? Disse Alfredo.

- Boa noite, meu aspirante, respondeu este, após a saudação militar.

Alfredo olhou em volta e pensou em continuar a sua ronda quando Alex perguntou:

- Posso fazer-lhe uma pergunta, meu Aspirante?

- Claro, diga lá, retorquiu Alfredo.

- É que soube que o meu Aspirante tinha poderes sobrenaturais e...

- Quem é que lhe disse isso? Interrompeu Alfredo, fingindo-se quase agastado.

- Sei que é mesmo importante nessa ciência, não negue por favor, acredite que eu sei manter um segredo!

Alfredo sentou-se numa cadeira junto da mesa de ping-pong e disse:

- Pronto, não nego, e então?

- Deve ser incrível ter tais dons, disse. Por exemplo, o meu Aspirante pode dar, digamos, ordens mentais, obrigando as pessoas a fazer coisas? Perguntou, com a sua voz um pouco trémula.

O vento rugia lá fora, chovia e, de vez em quando, ouviam-se trovões longínquos.

Alfredo olhou o Alex nos olhos, longamente e observou o seu nervosismo. Por coincidência, nesse instante, a luz na sala esmoreceu e depois, devagar, voltou ao seu brilho normal.

Influenciado pelo ambiente, Alfredo, resolveu experimentar dar--lhe ordens mentais. Concentrado e a olhar para o Alex, pensou: mexe na rede da mesa de ping-pong.

O Alex estava a uns passos mas, como que empurrado, avançou e, com uma expressão parada, foi como que alisar a rede da mesa, lenta e demoradamente.

Alfredo ficou meio arrepiado. Deve ter sido coincidência, pensou, decidindo-se a tentar mais uma vez.

De novo a olhar para o Alex, o Alfredo pensou: vai buscar uma raquete.

Muito lentamente, o Alex afastou-se da rede e deslocando-se, com passos lentos, quase mecânicos, foi buscar uma raquete a um armário, uns metros atrás.

O Alfredo começa a ficar preocupado, mas decidiu avançar ainda mais, olhou para o Alex e pensou: arrasta uma cadeira e senta-te junto da mesa. O Alex encaminhou-se para uma cadeira, arrastou-a para junto da mesa e sentou-se, descendo o seu tronco, na vertical, como se fosse num filme ao retardador, sempre com aquele olhar, parado e estranho.

Então, depois do prolongado silêncio, Alfredo respondeu: – Sim, posso dar ordens mentais. Tudo o que o Alex tem estado a fazer, nesta sala, depois da sua pergunta, foi comandado por mim.

Depois da resposta de Alfredo, houve um silêncio longo da parte do Alex que parecia estranho e Alfredo começava a pensar seriamente no modo de acabar com aquilo, que estava a parecer tudo, menos uma brincadeira.

Subitamente, Alex ergueu-se, levantou ao alto a pesada cadeira onde estivera sentado e, de modo agressivo, disse: - Não admito que alguém entre no meu espírito, vou matá-lo! Avançou para Alfredo, alucinado, com a cadeira erguida no alto, acima da sua cabeça.

Alfredo não se mexeu. Num ápice, olhou para Alex, bem nos olhos e pensou: não podes com a cadeira!

Alex deixou cair a cadeira, instantaneamente, tropeçou nela, olhou para Alfredo sem expressão, voltou as costas e fugiu para a noite chuvosa.

Alfredo continuou estático e perturbado depois daquela ameaça, com a sensação de que a partida fora longe demais.

Conseguia, talvez, explicar o comportamento do Alex, pela forte sugestão e por reações contraditórias, num assunto que, obviamente, o perturbava. Não tinha, era explicação para o seu próprio caso. Eliminar subconscientemente o instinto de defesa, perante uma situação perigosa como aquela, e confiar no poder daquelas palavras finais, era-lhe difícil de entender. Fora um grande risco. Será que tinha mesmo poderes?

A partir desse dia, Alex não falou mais a Alfredo. Este, ainda hoje pensa que nunca foi explicado, ao primeiro, que se tratou de uma brincadeira. Quando tudo ocorreu, o oficial amigo que imaginara a brincadeira, já tinha partido, entretanto.

Cerca de um ano mais tarde, já saído da tropa e estando Alfredo, ocasionalmente, muito próximo do lugar de trabalho de Alex, decidiu ir ter com ele para lhe explicar o que tinha ocorrido. Descoberto o lugar, foi conduzido a uma sala onde, a uma certa distância, com outros colegas, sentados atrás de secretárias, estava o Alex. Este, mal viu Alfredo, desatou a gritar: - Rua, rua, rua, não queremos aqui bruxos, fora, fora! Empunhava uma enorme régua e avançava em sua direção.

Alfredo voltou as costas e saiu, rapidamente, daquele local. Desta vez não tinha palavras para dizer...

A VOZ

Todos nós achámos que tinha sido a mulher do Ernesto a causar a sua morte. Não é que usasse venenos, armas de fogo ou armas brancas, não, era ela, ela própria, a arma letal.

Brigas, fugas e cenas, ano após ano, isto sem ele nos ter feito nunca qualquer alusão ao assunto, ou uma simples crítica que fosse... mas nós tínhamos presenciado várias e íamos sabendo doutras.

Assistimos à sua falta de vontade de viver, à sua decadência e, praticamente, ao seu último e sofrido suspiro.

Esta sucessão triste de factos ocorridos com uma pessoa boa, sensível, discreta e sempre amiga, causou-nos emoção profunda e revolta, mas foi Pedro o que mais se manifestou.

"Com aquela regra nacional do entre marido e mulher... blá, blá, blá,..." deixámos o Ernesto viver no inferno durante décadas!

"Como vamos esquecer isto?", continuava Pedro, no caminho para o velório, com a sua voz estranha, com diversos timbres na mesma frase. Esta era uma característica que não controlava e que só aos trinta e tal veio a descobrir estar relacionada com dotes vincados para a ventriloquia. Pedro, sem mexer os lábios, emitia vozes que pareciam vir de pontos distantes e com timbres modulados ao seu gosto. Com toda a facilidade, fazia aparecer uma voz à porta da sala onde estávamos ou, um alguém virtual, a chamar nas costas de um interlocutor. Fazia um rigoroso segredo dos seus dotes e eu era um dos dois ou três que os conhecia.

No velório estava pouca gente porque era quase hora de jantar. A viúva com os olhos vermelhos estava junto da mãe, volumosa e também de preto. Ao lado, o féretro de um castanho tropical mal imitado, com o pobre Ernesto lá dentro, com um lenço branco com rendas a tapar o rosto.

A viúva deitou-nos um olhar frio e distante quando nos viu, pois sempre nos evitámos, recíproca e metodicamente. Quando, lentamente, nos aproximávamos para lhe dar os sentimentos, ultrapassou-nos o Padre Elias, o pároco, alto e bem penteado, um amigo da família que se dirigiu às duas senhoras.

Abraçou a viúva de modo longo e paternal e, depois, envolveu as mãos da pobre com as suas e disse-lhe o que nos pareceu serem ternas palavras de conforto e esperança.

Ela comoveu-se a tal ponto, que aparentou ter tido um súbito impulso de se levantar e dirigir ao falecido, ali estendido, para o beijar.

Aproximou-se, inclinou-se, aproximou os lábios da face lívida e quando estava a levantar o lenço branco que cobria o rosto de Ernesto, ouviu-se a voz deste inconfundível e estranhamente colérica gritar: "Largue-me, seu estupor!".

A viúva deu um salto para trás e caiu, desamparada, sobre a mãe e o Padre Elias.

Seguiram-se momentos dramáticos.

A viúva, branca como a cal, soluçava trémula e inconsolável, a velha senhora que ficou com um pulso aberto, repetia "Foi o espírito dele, foi o espírito dele, eu bem te avisei!" e o Padre Elias não se cansava de dizer que os "desígnios do Senhor eram insondáveis".

As poucas pessoas presentes benziam-se repetidamente e seguravam os terços com mais firmeza.

Nós, boquiabertos, não sabíamos o que fazer.

Só Pedro parecia satisfeito quando me disse, baixinho: "Se pias alguma coisa, quem te mata sou eu!"

ADORAR MAHLER

Nos meus vinte e poucos fui passar uns dias com um casal amigo que vivia numa casa nas margens do grande lago e, no fim duma tarde, decidi dar um passeio ao longo da praia de areias claras.

Parei em frente daquela bela casa de madeira, estilo sóbrio, pintada de branco, com janelas azuis e foi aí que a vi pela primeira vez. Estava estendida entre almofadas numa cadeira chinesa de balanço, na varanda virada para o lago e tinha na cabeça um chapéu de palha com uma fita colorida.

Lia um livro que segurava na mão esquerda e ouvia-se música a vir da varanda. Não me foi difícil identificar Mahler e pareceu-me ser uma das suas longas sinfonias.

Não consegui ver a cara da leitora mas o conjunto era belo, mesmo assim. Não pensei em nada, naquele momento, só gostei de ver.

Ao jantar perguntei ao Gunther, o meu amigo, quem era a jovem. – Não é assim tão jovem, respondeu-me. É médica, no instituto de investigação a 15 quilómetros daqui e vive ali sózinha há alguns anos. Dizem que é divorciada. Conhecemo-la há algum tempo e já falámos algumas vezes. Uns dias depois, quando me encontrava com o casal no pequeno restaurante da vila próxima do lago, a esposa de Gunther indicou-me, discretamente, uma dama e disse-me: - Aquela, ali, é a tal médica da casa próxima da nossa. Chama-se Mara.

Devia andar pelos trinta e tal, de pele muito clara, loura e com feições corretíssimas. Apesar disso, não era o que se possa chamar uma mulher bonita. Há uma diferença entre o perfeito e o belo. Vestia de modo exótico, mas com elegância. A harmonia que irradiava da sua pessoa tornou-se mais evidente quando se levantou para saír. Parou junto da mesa onde estávamos, para cumprimentar Gunther e a esposa. Apresentaram-me, em seguida e eu disse-lhe que tinha passado em frente de uma casa, na praia, que irradiava música de Mahler e que tinha vindo a saber que era a sua casa.

- Gosta de Mahler? Perguntou-me ela, logo a seguir.

Respondi-lhe que era um dos meus compositores favoritos, embora não conhecesse bem parte da sua obra, como por exemplo os "lieder". Gunther meteu-se na conversa, disse que não era grande apreciador e que gostaria de saber o que é que as pessoas apreciavam naquela música. Para nossa surpresa, Mara pediu para se sentar na nossa mesa e depois, como se estivesse a responder ao comentário de Gunther, começou a falar:

- São as nossas experiências e, sobretudo o nosso cérebro, que nos fazem gostar ou não de uma dada música. Podemos até mudar os nossos gostos, por completo, num curto intervalo de tempo, se alguma coisa nos fizer despertar para novas perceções. A harmonia dos sons músicais só existe como criação do homem, não é um facto absoluto, assim como não são as múltiplas associações que aquela nos desperta. Por exemplo, a música de J S Bach sugere-me as grandes planícies com trigo ondulante, empurrado pelo vento, a repetir-se ao longo da distância. A música de Beethoven sugere-me as grandes árvores, belas e sólidas, ou a grandeza do mar, que nos pode embalar ou fustigar rudemente. As flores, os cheiros delicados, a harmonia serenamente construída, sugerem-me Mozart. Mahler, esse, entra-me na alma.

A música de Mahler não me sugere, é. Os meus ouvidos aceitam-na com a naturalidade do canto de uma ave, ou da água de uma cascata. Está comigo num espaço que não construí e que não explico. Mas gosto da companhia.

A carga emocional, os ritmos sugestivos, a subtileza da orquestração tornam as obras de Mahler fascinantes para mim, na sua maioria, com momentos sublimes seguidos por inarmonias perturbadoras.

Passaram-se muitos anos até eu me aperceber que aquilo que senti naqueles momentos de glória, ou de grande realização, que ocorreram na minha vida, era música de Mahler traduzida em formas de sentir.

Não são marchas triunfais, não são hinos de louvor, não é alegria folclórica. É a alma expressa em oitavas, com tudo o que ela contém de bom e de mau, como se nós já estivéssemos escritos numa pauta.

Está lá tudo aquilo que faz os nossos momentos interiores, desde o orgulho ao arrependimento, desde o sofrimento à alegria, desde o amor ao não gostar.

Sinto na música de Mahler o ritmo que é o meu, a melodia, ou a falta dela, que também podiam ser minhas e não me cansam as longas sinfonias.

Não encontro grandes paralelos entre a vida de Mahler, com todas as suas grandezas e desventuras e o meu próprio trajeto. Ambientes diferentes, interesses diferentes, terras diferentes. Mahler com uma infância infeliz, marcado pela complexidade do judaísmo, agarrado a uma fanática obcecação pela música.

Deve haver uma justificações nos milhões de neurónios que temos. Afinal eles são os responsáveis pela criação e audição musicais, com funções que desconhecemos, em grande parte.

Estávamos de olhos esbugalhados a ouvir Mara, deliciados com aquela voz um pouco rouca, com aquele calor, com a força contagiante daquela mulher, estátua grega com alma romântica.

Nos dias que me restaram, junto do lago, ouvi muita música de Mahler.

Hoje, quando a ouço, vem-me sempre à cabeça Mara e a sua voz rouca.

A IGREJA VERDE

Mateus era um dos funcionários africanos que trabalhava no meu laboratório. Tinha pelo menos mais dez anos do que constava do seu registo de nascimento e era um exemplo de dedicação ao trabalho. Faltavam-lhe os dentes da frente e, quando regressou do dentista, depois de nos termos cotizado no serviço para pagar a sua colocação, estava eu numa reunião do Conselho da Faculdade e foi aí que ele apareceu, à porta, com os lábios afastados, num esgar de enorme alegria, a mostrar a beleza da sua prótese, novinha em folha.

Era um amigo silencioso e um dia disse que me queria falar, particularmente. Apareceu quando lhe indiquei e então ele, com alguma dificuldade, disse-me que queria que eu e a minha mulher fossemos os padrinhos de casamento do seu sobrinho, que era como se fosse seu filho. Tinha vivido com ele desde pequeno. Disfarcei alguma comoção e aceitei sem hesitar.

A indicação que ele me deu, uns dias depois, para chegar ao lugar do casamento foi mais ou menos assim: "Vai na estrada do Xai-Xai, passa a Manhiça, encontra do lado direito uma bomba de gasolina depois o Botequim Sonho Africano e depois entra na segunda picada à direita. Não é na primeira que tem uma casa amarela antes, é na segunda. Depois vai na picada anda um bom bocado e à esquerda encontra uma igreja verde. É aí, às dez e meia"

Fiquei sem coragem de fazer perguntas pois uma igreja verde não devia ser difícil de encontrar.

Lá fomos, eu e a minha mulher aperaltados, no Saab vermelho, naquele manhã quente, direitos à cerimónia.

Chegámos à picada sem dificuldade de maior. Já tinha alguma prática de andar em estradas do tipo onde não se pode andar muito depressa, mas comecei a ficar preocupado depois de andar uma hora, sem ver igreja nenhuma. Com mais meia hora comecei a ouvir a minha mulher: "Devemos ter trocado a picada! Devias era voltar para trás!". Apesar de ser isso exatamente o que eu pensava, não conseguia dominar a irritação ao ouvi-lo e respondia com um "Lá estás tu a estragar a festa!" ou qualquer outra idiotice do género.

Com duas horas de picada e meia hora de atraso, estava já a pensar em desistir, quando, numa clareira de árvores frondosas, apareceu, ao sol, uma igreja verde com uma multidão de africanos enfarpelados à porta.

Era uma enorme construção em madeira pintada de verde baço, que tinha sido uma missão, desativada há mais de trinta anos. As casas da aldeia, na maioria de madeira, ficavam a alguns metros e o aspeto geral era agradável.

Mateus veio ter comigo no meio das palmas e algazarra que a nossa chegada motivou. Pedi-lhe desculpa do atraso e ele sorriu, "Sabia que vinha", disse.

O que se passou a seguir foi inesquecível. A missa foi cantada. Cânticos religiosos católicos que vieram da velha missão, com modificações e ritmo de marrabenta e salsa, cantados e dançados por todos os presentes. Senti-me num mundo diferente como se tivesse subido a um patamar do espírito que não conhecia. E lamentava, lamentava mesmo muito não ter levado uma máquina de filmar ou um gravador, para registar tudo aquilo.

Foi assim, por bem mais de uma hora. Veio depois a comida simples, saborosa, tropical, depois dança e muita festa.

Tudo foi diferente naquele casamento, de um casal que eu nem conhecia. Os aromas, os sons e os ritmos, as conversas ingénuas e comoventes, a felicidade espontânea, coletiva, o sermos ali os únicos europeus, as dificuldades na chegada.

Diferente também tanta felicidade com tão pouco...

ESTOU PERDOADO

A Escola Primária do Meira era famosa por causa do Meira, o Professor, que tinha fama de ser um grande Mestre. As instalações da Escola, só de rapazes, eram péssimas, com salas frias de rachar no Inverno e quentes como fornos no Verão. As instalações sanitárias eram medonhas com sanitas rasteiras e dimensionadas para adultos. Os alunos apanhavam reguadas de três em pipa e a menina de cinco olhos era uma ameaça complementar. Não fazer os deveres levados para casa era uma falta tão grave para o Meira, que me garantiram que tinham visto um aluno da terceira classe a fazer a redação durante o enterro da avó. Os alunos tinham cotas para ir ao quarto de banho durante as aulas. Quatro vezes por semestre, mais do que isso, ou aguentavam, ou faziam nas calças. Os alunos cedo descobriam que o pavor que tinham do Meira só era atenuado se aprendessem o mais possível. Quando o Meira percebia o esforço do aluno, amansava e ficava até agradável. - Estás a melhorar, rapaz, mas ainda te falta muito! Era o máximo elogio.

Bom, isto era o que eu ouvia porque nunca tive o Meira como Professor. A minha Professora era a Profª Almedina, uma dama algo volumosa e de bom temperamento e da qual já nem me recordo da cara. Batia pouco mas gritava e os seus gritos eram bem piores que reguadas! Mas, depois da gritaria, vinha ainda o mais horrível! A Senhora fazia uma pausa e depois puxava da bomba da asma, inclinava a cabeça para trás e ouvia-se aquele som: bzaaac, bzaac, só duas vezes, matematicamente. Aquela bomba insuflava o nosso sentimento de culpa a várias atmosferas e garantia o bom comportamentoa da turma por umas horas.

São sombras de há mais de setenta anos, mas o que vos quero contar, passou-se há dias. Recebi um telefonema de um colega da escola que andava dois anos à minha frente e de quem nem sequer me lembrava muito bem. Quis encontrar-se comigo.

Lá nos encontrámos num dia de sol magnífico, à entrada do Parque da Cidade. Não me recordava, de todo, do homem. Disse-me que tinha estado em Moçambique e que sabia que eu também lá tinha estado na Universidade, bla, blá, blá,... mais a carreira daqui, mais as Lojas de Saber para acolá, blá, blá, blá.... Agradeci-lhe muito o interesse e disse-lhe que estava surpreendido e com sentimento de culpa, pois não me lembrava nada de ter tido qualquer tipo de convivência com ele. Foi então que ele me disse: - Odiei-te durante muitos anos, mas agora já passou.

Fiquei horrorizado com a perspetiva de ser capaz de fazer tanto mal a alguém e de nem sequer me lembrar! Quando ele me perguntou: Não sabes porquê? Tive que lhe responder e pareceu-me que a entoação que puz na resposta lembrava as lamentações fúnebres: - Desculpa-me, mas sério, não faço a mínima ideia em como é que te ofendi, ou o que é que foi, sequer!

Então ele contou: - Foi numa aula da 4ª Classe do Meira em que ele me fez uma pergunta qualquer e eu não sabia responder. O Meira ficou furioso e disse: - Um aluno da 2ª classe sabe isso! Como eu fiz um gesto e uma cara de dúvida, o Meira saíu furioso para o corredor, chamou a Profª Almedina e pediu que lhe mandasse um aluno da 2ª classe para responder à pergunta. Foste tu o escolhido e lá apareceste. O Meira fez-te a pergunta e tu respondeste sem hesitar! Grande ovação dos meus colegas! Foi uma humilhação horrível, inesquecível e fiquei-te com um azar danado.

Não me lembrava rigorosamente de nada do que estava a ouvir mas, raciocinando sobre o caso, resolvi perguntar-lhe: - Achas que eu sabia que alguém iria ser humilhado se respondesse certo à pergunta? Só na hipótese de eu saber é que poderia haver razões para o teu ódio!

- Não foi por isso que te perdoei, disse ele. Perdoei-te porque o meu filho foi teu aluno há quase vinte anos. Fiquei mais descansado, mas ele continuou. - Gostou imenso das tuas aulas e influenciaste-o definitivamente na carreira, é hoje engenheiro biomédico.

Mais uma vez fiquei em pânico porque não fazia a mínima ideia de quem seria o filho que ele falava. Resolvi ser sincero: - Ainda bem que a influência foi positiva mas não tenho nenhuma ideia de quem é o teu filho.

Ele respondeu: Também não lhe contei nada desta história mas, sabes, depois de te perdoar, voltei a odiar-te fortemente.

Comecei a pensar em mania da perseguição, quando ele disse: - Sabes, ele concorreu ao teu Instituto e não entrou. Eu estava fora e não podia contactar-te.

- Bom, assim até foi melhor, porque se me metesses uma cunha de nada valia e ficavas ainda mais zangado, disse-lhe eu.

Deixa lá, o rapaz está muito bem e já te perdoei.

Que bom! Acho que és ótimo a perdoar! Adeus! Disse-lhe, já a correr para um taxi que passava. Senti que não aguentaria que ele me perdoasse mais uma vez, fosse o que fosse...

Que Deus me perdoe!

COISAS ESTRANHAS

- Podem acontecer as coisas mais estranhas. É uma frase que ouvimos, em geral aplicada a factos surpreendentes, quase sempre passados com outras pessoas.

Talvez haja uma conjugação de convergências de diversa natureza que aumentem a chance de ocorrerem certos acontecimentos, ou então é mesmo só uma questão de probabilidade, mas que nos acontecem coisas estranhas, por vezes, é um facto.

Dentre os diversos casos ocorridos comigo, ou na minha presença, distingo dois que, pelo seu cómico e improbabilidade, ainda hoje me fazem rir.

Numa viagem que fiz de carro, com a minha mulher, até Glasgow, onde tinha de estar num congresso na área da minha especialidade, decidimos ir uns dias antes para estarmos com uns amigos ingleses. Iríamos ficar na Região dos Lagos, num hotel isolado, que eles conheciam muito bem.

Tudo decorria na perfeição quando descobri que me tinha esquecido de meter na mala uma gravata de que iria precisar em diversas ocasiões, no congresso. Resolvemos ir todos a uma aldeia próxima comprar a gravata e aproveitaríamos passar por um miradouro famoso, situado próximo.

Na aldeia, só eu saí do carro, fiz a minha compra num salto e seguimos para o miradouro.

Quando chegámos, a esposa do meu amigo pediu para eu lhe mostrar a gravata. Saí do carro com o envelope que a continha e, quando ela se aproximou, puxei a gravata uns centímetros para fora, para ela ver. Era de seda, de um azul forte com riscas brancas. "It's very nice, Joe!" disse ela e, nesse instante, pim, cai uma caganeta de pássaro sobre o azul forte da minha gravata de seda!

No meio de um deserto, um pássaro lá nas alturas, alivia-se para aqueles, quê?, dez centímetros quadrados, da minha gravatinha nova!

Os meus amigos ainda hoje me falam na pontaria dos pássaros escoceses!

A segunda situação é algo caricata e ocorreu quando almoçávamos com um grupo de amigos. Estávamos a comer um belo prato de peixe que incluía batatas e feijão verde cozido, quando se iniciou uma azeda altercação entre os dois elementos de um dos casais. Ele, engenheiro, defendia o interesse da construção de determinada barragem, ela, ecologista, tinha argumentos poderosos de defesa do ambiente, completamente contrários.

As vozes subiam de tom e ninguém conseguia parar aquilo, que parecia mesmo sério.

A certa altura, no auge da discussão a senhora tem um forte acesso de tosse, que não pára e, de repente quando, sôfrega, quer retomar a sua argumentação...começa a saír-lhe um feijão verde pelo nariz. O marido desata a rir e a gargalhada é geral.

A discussão esvaziou-se com as gargalhadas de todos e as pancadinhas nas costas da jovem senhora.

O marido ainda disse, mas com simpatia: - A minha mulher é tão ecologista que até respira feijão verde!

MERGULHÃO, MEU FILHO!

Esta história tem a ver com um amigo meu que chocava ovos debaixo do braço. Era um professor de Ciências Naturais aposentado, mas ainda relativamente novo, excêntrico e com ideias estranhas. Era um indivíduo corpulento que vivia sozinho próximo de Tavira, numa bela casa junto do mar, com um pequeno jardim bem cuidado a rodeá-la por completo. O seu "hobby" era o estudo das aves, os seus hábitos, a sua biologia.

Um dia, o professor decidiu criar, desde o ovo, um mergulhão. Conseguiu arranjar um ovo fertilizado, colou-o com adesivo abaixo da axila esquerda, envolveu-o com um tecido grosso onde entrelaçara uma resistência apropriada e de onde saíam uns fios que ligavam a uma pilha que também fixou ao corpo. A pilha produzia corrente para a resistência de aquecimento que tivera o trabalho prévio de calcular de modo a obter a temperatura apropriada para a incubação. Preparou o dispositivo para ficar assim umas semanas. Teve de habituar-se à nova temperatura e a não movimentar o braço, o que era incómodo e às vezes doloroso.

Cinco semanas e meia depois da colocação sentiu uma impressão, pareciam picadas na axila, movimentos e pequenos ruídos. Mal retirou a resistência logo viu a sair do ovo uma minúscula cabeça de mergulhão. Quem disse que um homem não podia sentir a felicidade da maternidade, brincou o professor consigo próprio!

Alimentou cuidadosamente o pequeno ser, inicialmente com pequenas quantidades de peixe cozinhado. Nunca lhe deu peixe cru.

O animal cresceu a olhos vistos. A sua ligação ao professor era total.

Quando ficou maior o professor começou a levá-lo no seu barco, ensinou-o a apanhar peixes e a trazê-los de volta ao seu dono. Sem pressas o animal acabou por aprender perfeitamente a sua tarefa.

Depois de algum tempo o professor tentou o seu objetivo final: largar o mergulhão da janela de sua casa, várias vezes... e ficar com peixe para o almoço.

O sucesso foi completo. Era fantástico ver a ave a entrar pela janela com o peixe preso no bico!

Durante uns tempos a sua alimentação foi quase exclusivamente peixe.

Satisfeito com a experiência, o seu pensamento foi mais longe e decidiu criar um açor em condições semelhantes, para ter refeições de carne, de vez em quando.

Mais um tempo de estudo, uma nova resistência no braço e de novo um pequeno ser ao cuidado do professor.

A tarefa de fazer o açor voltar com a presa e largá-la intacta foi, contudo, mais complicada. Os coelhos que o professor arranjou para simular a ação eram demasiado mansos e ficavam parados, ali a uns metros, não mostrando qualquer interesse em colaborar. O açor, bem alimentado, olhava-os com um desprezo monstruoso, como se fosse uma cobardia atacar seres tão pacíficos.

O professor pensou em utilizar ratos, em vez de coelhos para treinar o açor, mas o risco de ele trazer ratos para o almoço não lhe agradou.

Com estas dificuldades e após um longo e conturbado período de preparação, o açor voltava com uma presa, sim, mas esta podia ser uma doninha, um rato e uma vez até uma cabeleira postiça. Coelho é que o professor nunca comeu.

Claro que o professor quis tirar conclusões destas experiências. Concluiu que se tivesse critérios discriminatórios para os peixes como tinha para os vertebrados, teria o mesmo problema, nos dois casos. O professor comia sem desagrado tainha, sardinha e cavala, tudo junto, se fosse essa a caça do mergulhão, o que não faria se viesse toupeira, cobra e doninha, na caça do açor.

Quando lhe falei das Lojas de Saber ele pensou um pouco e disse: Afinal o que estão a fazer é imitar as aves.

Durante a sua vida as aves ensinam sempre as suas experiências aos mais novos, a nível individual no ninho e mais tarde a nível coletivo nas migrações, por exemplo, onde são os mais velhos e experientes a comandar.

Quando lhe perguntei se gostaria de fazer uma conferência sobre o assunto nas Lojas de Saber ele riu-se como poucas vezes o vira fazer e disse depois: - Sou demasiado seu amigo para o fazer correr esse risco!

Terei de aguardar que termine o livro de ornitologia que está a escrever...

FÉDOR

Fedor era o nome que estava no endereço dele, da internet. Quando o conheci verifiquei que ele até cheirava bem, a tabaco de cachimbo.

Emigrara da Rússia há muitos anos, trazido pelos pais numa sequência de peripécias que davam um romance de aventuras, mas não é sobre isso que quero falar. Aliás, a sua vivência no país natal foram os três primeiros anos e de nada se lembrava. Disse-me que uma vez lhe pareceu lembrar-se de neve, muita neve, mas que não tinha a certeza de ser recordação, ou vontade de a ter.

Conheci-o, devido a uma herança que recebi: uma coleção de cintas de charuto colocadas a monte, numa caixa de sapatos. Só trinta e tal anos depois de ter recebido este espólio é que resolvi pensar nele. Eram cintas de charuto dos fins do século dezanove e princípios do século vinte e de diversas origens (Holanda, Cuba, Canadá, etc.). Quase todas com dourados e vermelhos vivos, algumas focando temas interessantes. Ficavam mesmo bem no album improvisado que comprei.

Na internet aprendi que as cintas valem pouco, muito menos do que os selos postais e que só resta um escasso número de colecionadores. Ao tentar vasculhar colecionadores portugueses descobri o Fédor que vivia a uns sessenta quilómetros de mim.

Mostrou-se encantado por lhe aparecer um colecionador a viver próximo e iniciámos uma amizade que acabou de modo estranho.

Era um homem muito diferente do habitual. Esguio, cabelo louro claro, como todo ele era, aliás, muito claro, quase albino e com sardas.

A sua voz era sonora, atirada para o espaço, como se fosse num teatro, mas sem condizer com o descorado personagem. As suas gargalhadas soavam irreais, como que amplificadas por uma instalação de feira, ou ainda pior.

Tinha uma enorme coleção de cintas de charuto que seu pai trouxera da Russia e contou-me que tinha algumas de charutos fumados por czares e seus amigos. Um avô servira como criado no palácio dos czares e foi guardando as cintas, durante anos.

O Fédor dizia-se artista de fotografia. Tinha um estabelecimento de equipamento fotográfico e fazia reportagens de eventos. Vivia bem, numa casa tipo colonial no centro de um pomar.

Quando o visitava bebíamos vodka e foi numa dessas visitas, anos depois de o conhecer, que ele, enquanto fumava o seu cachimbo, me falou, pela primeira vez, sobre auras de Kirlian.

As fotografias de Kirlian são imagens obtidas diretamente, num filme, de objetos sujeitos a campos elétricos muito elevados. O elétrodo positivo, uma placa, está isolado e o objeto ligado à terra. Nas imagens da cabeça aparecem auras que variam de pessoa para pessoa e às quais são associadas características transcendentes.

Durante anos trabalhei com sistemas sobrevoltados e conhecia bem o efeito de Kirlian e a fraude da interpretação das referidas auras.

Quando Fédor me falou no assunto, dizendo maravilhas, fugi o mais possível, mas quando, a certa altura, insistiu em fotografar a minha aura, achei melhor dizer-lhe o que pensava sobre o tema e as razões científicas que o justificavam. Falei nas correntes de Corona e de como era possível fabricar auras para todos os gostos e objetos.

A expressão de ira que ia aumentando no Fédor à medida que eu falava, era algo que nunca imaginaria.

Quando acabei, ele estava transfigurado, vermelho em vez de branco e disse com visível esforço de contenção: - Como é que a sua ciência, que não explica o natural, se propõe explicar o sobrenatural?

Respondi que as descargas elétricas estavam bem estudadas e que há diferenças entre sobrenatural e charlatanismo.

Respondeu-me num tom agastado: - Tinha-o como um cientista sério. Acho que não temos muito mais a dizer!

Levantei-me devagar, irritado e com uma enorme vontade de o mandar pró diabo, mas não o fiz. Voltei-lhe as costas, mas, já perto da porta, desabafei: - O Senhor é um fundamentalista barato! Que sobrenatural é esse que precisa de tecnologia e alta tensão para aparecer! Caçador de fantasmas!... bati com a porta e saí.

Mantenho a coleção de cintas de charutos.

O ACAMPAMENTO

Não podia deixar de comover o pequeno grupo a generosidade dos donos da propriedade onde tinham acampado, sem licença, e que lhes mandava, no mesmo dia, um presente de dois grandes cestos com uvas para o jantar. O grupo era constituído por oito jovens colegas de um curso de agronomia da Universidade de Trás os Montes e Alto Douro e a propriedade, uma vasta faixa de terreno situada ao longo da margem Norte do Douro.

Marcos, o chefe do grupo, logo na manhã do dia seguinte, foi à casa da propriedade para pedir desculpa por terem acampado sem pedir licença e agradecer as uvas.

O proprietário era um jovem que não devia ter mais de trinta anos. Agradeceu as palavras de Marcos mas disse-lhe que, embora proprietário, em termos oficiais, sempre achara que a terra não era, de facto, de ninguém e que não tinha lá nenhuma tabuleta a proibir o acampamento.

Só pedia é que, depois de terem saído, quando ele fosse ao terreno onde tinham acampado, ficasse com a certeza de que o respeito que ele tinha pela terra, fora compreendido pelo grupo.

Marcos percebeu a mensagem e quando regressou contou a história aos seus companheiros, reforçando a regra de não estragarem nada nem deixarem qualquer lixo no terreno. Mas a atitude do jovem proprietário despertou a admiração de todos do grupo.

Foi então que Marcos teve uma ideia para agradecer ao proprietário de uma forma original e dentro da linha de especialidade do grupo.

- Vamos arranjar oito ciprestes, tantos quanto o pessoal do grupo e plantamo-los ao longo do limite da propriedade, suficientemente espaçados, num local de onde se veja bem. Assim, quando aqui passarmos não nos esquecemos destas férias. Nem o proprietário, disse alguém.

Foram comprar as árvores e plantaram-nas com toda a ciência que já tinham aprendido. Nada disseram ao senhor e, no dia seguinte, deixaram a propriedade e prosseguiram na sua viagem ao longo do rio Douro.

Naturalmente, este acontecimento foi rapidamente esquecido por aquelas cabeças jovens, perante tantas coisas interessantes que se passaram naquelas férias!

Uns dez anos depois, Marcos, agora engenheiro agrónomo, com a sua esposa e dois filhos, num passeio de fim de semana passaram no local. Toda a cena lhe veio à cabeça. Os ciprestes estavam altíssimos, mas, para surpresa de Marcos, não eram oito mas, dezenas deles, ao longo de toda a propriedade. O efeito era excelente e beneficiava muito todo o aspeto.

Marcos contou à esposa, com um certo orgulho, o que se tinha passado há dez anos atrás, mas viu pela sua reação que havia qualquer coisa que não lhe tinha agradado. Passados uns instantes, esta disse: Acho tudo excelente, a ideia ótima, oportuna, etc. Só não gosto é da árvore escolhida. Parece o limite de um cemitério.

Marcos não reagiu logo. Uma crítica com dez anos de atraso já não produz grande efeito, mas acabou por responder, um tanto desiludido: - Isso são preconceitos que, naquela altura, já não tínhamos.

Marcos resolveu ir cumprimentar o proprietário da fazenda. Levou algum tempo até encontrá-lo, depois de muitas perguntas para o localizar, na enorme propriedade. Reconheceu Marcos de imediato. Depois dos cumprimentos, mandou chamar a esposa. Sandra era uma senhora alta, bem parecida e de grande simpatia. - Então este é um dos heróis dos ciprestes? Perguntou, efusivamente e ficaram logo todos apresentados. Falaram sobre os seus percursos naqueles anos depois do acampamento e, finalmente, falaram nos ciprestes.

Sabe, disse o proprietário, depois de se terem ido embora, quando vi as árvores que plantaram senti uma alegria enorme. Comovi-me mesmo, foi um gesto extraordinário e conto muitas vezes que foi a melhor prenda que alguém alguma vez me deu. Gostei tanto que resolvi limitar toda a propriedade com ciprestes. Agora chamam-lhe a Quinta dos Ciprestes. A vocês o devo.

- Penso que talvez tivesse ficado melhor se se tivessem lembrado de usar outra árvore, o cedro por exemplo, em vez do cipreste, disse a mulher de Marcos, que dificilmente se dá por vencida. Sandra riu-se e disse: Algumas pessoas daqui também disseram isso, defendem que o cipreste simboliza a morte. A simbologia das coisas, porém, varia com o tempo e local.

Por exemplo o cedro já simbolizou o envelhecimento, pelo menos é o que Eça de Queiroz sugere, nos Maias.

Na Europa antiga, o cipreste símbolisava o duelo e por isso orlava os cemitérios. Na tradição cristã, porém, o cipreste é um símbolo das virtudes espirituais.

Para nós, eu e o meu marido, simboliza as virtudes de um grupo de rapazes bem formados, que nunca esqueceremos.

CAÇADA NA INHACA

O grande acontecimento daquelas férias de 1972 foi a visita do Capitão Santos. Era conhecido de um dos do grupo da caça submarina e, segundo este, tinha vasta experiência de mergulho na "metrópole".

Apareceu com uma lancha com uns seis metros, dois potentes motores e dois soldados. Equipamento do melhor. Ao contrário de nós, só mergulhava com garrafa.

Era um indivíduo de estatura média, ar de comando, Rollex e anel de brasão.

Havia, a umas milhas da costa da ilha, já fora do banco de coral, um local muito especial, o "rack". Era a carcaça de um enorme cargueiro, afundado na segunda guerra mundial. Era um local privilegiado para a caça submarina. Na maré baixa, ficava fora de água uma parte do casco ferrugento, com alguns metros de altura.

Quando se mergulhava na zona e não se via peixe, já se sabia, havia tubarão.

Quando chegou, o Capitão organizou um "briefing", como ele disse, para se estudar uma estratégia. Iríamos até ao "rack", ancorávamos o barco e mergulhávamos aí. Com a lancha facilmente perseguíamos a bóia, se arpoássemos um peixe de grande porte. Com as armas de CO_2, o arpão não fica ligado à arma mas a uma bóia que permite seguir o peixe até este ser capturado.

A seu conselho, o grupo verificou minuciosamente o equipamento, como numa operação militar: as barbatanas, as armas, as máscaras, os tubos e as facas.

Para o capitão o mesmo, mas agora, tudo de alta qualidade.

Tudo a postos, lá partimos. Chegados ao ponto combinado, os soldados lançaram a âncora. Os quatro do grupo, mais o Capitão, saltámos para a água e mergulhámos.

Peixe não se via quase nenhum. Nadámos contornando o "rack". Deixámos de ver a lancha, tapada pela carcaça. Tínhamos nadado uns oitenta metros contra uma forte corrente, quando Álvaro, o experiente, deu o aviso:

- Alto! Tubarões! Juntem-se.

O que vi a seguir, uns metros abaixo, jamais esquecerei. Deviam ser cinco tubarões grandes e, pelo menos, três mais pequenos. O maior devia ter mais de quatro metros.

O poder que se adivinha naqueles animais, o seu deslizar elegante e todo o passivo de histórias ouvidas, tornavam aqueles momentos hipnotizantes.

Álvaro mandou o grupo ficar à superfície, em círculo, a observar o cardume, armas preparadas. Não era fácil com a corrente que se sentia.

Os tubarões deslocaram-se num sentido e depois voltaram atrás, praticamente por baixo do grupo.

Mas algo começou a acontecer. O Capitão estava a afastar-se levado pela corrente. Aterrorizado, hirto, o Capitão era arrastado executando movimentos mal coordenados dos braços e pernas, incapaz de dominar a corrente.

- Ninguém sai do grupo! Disse Álvaro. Se houver alguma coisa é só com ele.

O Capitão largou a garrafa, largou a arma e fazia perigosos movimentos descoordenados, certamente visíveis pelos tubarões.

A certa altura começou a pedir socorro, afastando-se com a corrente.

Em baixo, os tubarões pareciam não ligar aos acontecimentos, mantendo-se praticamente na mesma posição.

Pensei numa estratégia. Nadar até a um ponto em que fosse visto pelos soldados da lancha e chamá-los para ajudarem o Capitão.

Não me interessei com o insulto de Álvaro quando nadei com o máximo de velocidade, saindo do grupo.

Não demorei muito a ver a lancha e comecei a chamar os soldados com gestos. Em breve, estes perceberam e dirigiram a lancha para mim que lhes apontei o Capitão. Dirigiram-se para lá e puxaram o Capitão para bordo. Depois, um a um içaram os restantes elementos do grupo, terminando comigo. Os tubarões já tinham desaparecido, possivelmente afastados pelo ruído do barco.

O Capitão estava mal, vomitava e demorou algum tempo até articular algumas palavras. Foi uma desculpa safada: — As cãibras lixaram-me.

Ninguém se riu, talvez por compaixão.

NOITE INESQUECÍVEL EM PARIS

Lembrei-me há dias de uma noite que passei em Paris, nos meus vinte e alguns, inesquecível, mas diferente daquelas que, em geral, se imaginam na cidade luz.

Tinha ido no rápido internacional até Paris, primeira etapa de uma viagem para a Holanda, como se fazia no princípio dos anos sessenta. Chegado a Austerlitz cerca das nove da noite, e com a mala a incomodar, optei por dormir umas horas ali por perto para, na manhã seguinte, apanhar um transporte até à Gare du Nord e aí o comboio para Eindhoven.

Andei uns vinte minutos na noite de Setembro, já fresca, e acabei por entrar num pequeno bar para comer qualquer coisa, quando, no balcão, vi um anúncio de quartos.

Perguntei ao homem que, atrás do balcão, era o único interlocutor possível, se tinha um quarto barato para uma noite. Temos um muito barato, excelente para quem tenha bom sono disse, sorrindo e num mau francês. Pareceu-me perceber qualquer intenção nesta observação e quis ver o quarto. Era uma divisão pequena, interior, só com um pequeno postigo, cama simples, mas tudo muito limpo e até agradável. O preço era convidativo, vinte francos. Aceitei de imediato. Achei-me com sorte.

Deixei a mala, comi uma refeição ligeira e saí. Andei por ali à volta do Jardin des Plantes que, àquela hora, pouco convidava.

Às onze e tal já estava na cama, relaxado e começava a dormir. O meu espírito iniciava a viagem para aquele estado em que o cansaço e inquietações se diluem numa paz serena e envolvente, quando, de súbito, ouvi um barulho enorme em cima da minha cabeça. Era como se fosse um tsunami caseiro, qual cascata sintética, seguida de silvos de turbulência, tudo nascido na parede, ali um metro acima. Acordei apavorado e levei algum tempo até perceber que a minha cabeça estava separada, por uma fina parede, do autoclismo de um quarto de banho contíguo.

O meu sono, naquela noite dependeu das vontades dos frequentadores do estabelecimento, onde, em tão má hora, acabara por cair.

Só não houve sustos das três às seis.

Quando, de manhã o homem me perguntou, com um sorriso irónico, se tinha dormido bem, respondi que sim, que tinha dormido perfeitamente. – Sabe, disse-lhe, para quem, como eu, sempre viveu numa casa a cinquenta metros de umas cataratas, autoclismos são espirros de mosquito. O homem ficou pensativo e demorou algum tempo a pegar nos vinte francos que lhe estendi.

Senti-me vingado com a mentira e pensei nos horrores que dezenas de pessoas já deviam ter sentido naquele maldito quarto... mas sem a minha capacidade de retaliação!

Contudo, já de costas, ouvi o homem perguntar, com voz de quem está a gozar: – " Des cataractes au Portugal? "

Achei que devia deixá-lo na dúvida... não respondi, saí rapidamente.

JANA

Às vezes tentava lembrar-se do seu mundo, nos primeiros anos do liceu, passados num Moçambique distante. Parecia-lhe que naquele tempo as coisas eram diferentes! Havia ansiedade, que se prolongava no tempo, em quase tudo. Ansiedade a começar muito antes das partidas, das visitas, das idas às compras, das idas ao cinema. Tudo parecia ser sentido como uma dádiva sólida que o invadia e devia ser agradecida. Não encontrava nada parecido no presente!

Marcos sentia alguma nostalgia desses anos e não se esquecia de muitas coisas. Aquelas manhãs na praia, com a água morna da baía, os camarões gigantescos, as frutas maravilhosas e também de coisas tristes, como aquela parte pobre da cidade, imensa, que tinha de atravessar antes de chegar ao aeroporto e daquele cheiro que se sentia, vindo de lá, nos dias quentes, depois das chuvadas.

Mas, daquele tempo, a mais viva recordação era o Jana, o seu mais leal amigo, colega do liceu, aquele miúdo africano inteligente, sincero e calmo, que às vezes, andava horas a pé, para depois brincarem juntos, apenas alguns minutos.

O Jana que tinha sete irmãos, que era filho de um lavador de carros, mais ou menos por favor, numa oficina rasca de automóveis da Avenida de Angola e que vivia, mais a família, numa casa de caniço, na periferia.

Tinha uma imaginação poderosa que usava para ultrapassar as limitações da sua pobre condição. Fazia-o com resignação e sempre com dignidade. Conseguia biscates como distribuidor de propaganda e ajudante de jardinagem. Tinha amigos que lhe juntavam cabeças de peixe e restos dos talhos do mercado, como se fosse para cão. Ossos nunca faltaram lá em casa. Disse uma vez.

Nunca haverá ninguém mais meu irmão do que o Jana! Nunca houve amigo mais dentro da minha alma, que o Jana! Pensava Marcos com sincera emoção. Quem tem Jana como amigo, só irá ter um amigo!

Nunca se soube bem como ele morreu, despedaçado como apareceu aos 13 anos, numa estrada de acesso ao Xipamanine.

Lembrou-se que a sua tez estava mais clara, naquele dia, com panos brancos à sua volta, num caixão pequeno e modesto, de madeira de xanfuta.

Lembrou-se dos choros e dos gritos e de como fugiu de tudo aquilo e correu horas pelo mato, arrasado a repetir um "não, não" convulsivo e ainda descrente de que o Jana não voltasse, no dia seguinte, para estudarem em conjunto e jogarem à bola no descampado, atrás da casa, bem perto do liceu.

Durante muito tempo Marcos sofreu com o desaparecimento do seu amigo e quase tudo perdeu o sentido para si. Era como uma floresta sem verde, ou como um rio sem margens.

Não conseguia compreender como é que um sentimento tão forte não assentava numa existência real, como fora antes.

O tempo e a juventude foram mitigando a sua mágoa mas, mesmo quando Marcos regressou a Portugal, o Jana veio também, de certo modo e, todos estes anos depois, ainda lá está, naquela estatueta de pau-preto, na pequena mesa, logo à entrada.

AS ÁRVORES DE VALE DE CANAS

Foi em meados da década de sessenta. A Universidade de Coimbra decidira conceder o grau de Doutor Honoris Causa ao Prof. Carlos Chagas (filho), uma figura eminente da ciência e cultura brasileiras e grande dinamizador do intercâmbio luso-brasileiro na área das Ciências básicas ligadas à Medicina. Na Faculdade de Medicina de Coimbra havia vários elementos que tinham estado em cursos, ou estágios, no serviço do Prof. Chagas, o Instituto de Biofísica da Universidade do Brasil, no Rio de Janeiro, o primeiro e mais importante do género no Brasil. O Prof. Rodrigues Branco e eu, estávamos entre estes e éramos, talvez, os mais ligados ao Prof. Chagas. Do programa da estada em Coimbra constava uma Conferência, que o Professor faria, na véspera da cerimónia, às onze da manhã, no anfiteatro do Instituto de Química Fisiológica. Não sei se o título era exactamente "As ciências básicas na medicina", mas as três palavras grandes estavam lá, com certeza.

No dia anterior à conferência, ao fim da tarde, chegou o Professor ao Hotel Astória, num carro oficial onde o aguardavam diversas pessoas. Representantes de Instituições locais, o Prof. Branco a representar a Universidade, e eu regressado recentemente do Rio, depois de uma segunda estada no Instituto, a convite do próprio Professor.

Algum tempo depois das boas-vindas, o Prof. Chagas chamou-me à parte: "Pedroso, amanhã de manhã antes da lição quero que você me leve a Vale de Canas para ver as árvores". Certo, Professor, respondi mas já um tanto arrepiado pois estávamos num daqueles Novembros impiedosos.

Às nove lá estava eu à porta do Astória, no meu carocha cinzento.

Lá seguimos pela estrada sinuosa até ao Picoto e descemos depois a pé até ao vale onde estavam as árvores procuradas. Chovia a potes e havia vento. Com uma capa impermeável e um chapéu de abas, o Prof. viera prevenido.

Escrevia notas, metia e tirava papeis dos bolsos, apanhava folhas, cheirava, trincava, media e... eu, chapéu de chuva aberto, atrás dele, tentava guardá-lo o melhor que podia. A lama nos nossos pés já chegava às calças e eu sentia-me gelado e molhado até aos ossos.

Não sei se faltava ao Professor ver mais alguma árvore mas, às dez e meia, disse-lhe que tínhamos mesmo de voltar.

Claro que não havia tempo de ir ao Hotel. No regresso o Professor estava feliz e ia-me falando das maiores árvores da Europa (sequóias e eucaliptos), ali em Vale de Canas, mesmo assim bem mais pequenas do que as existentes no continente Americano.

Chegados já com atraso ao Instituto de Química Fisiológica, o Professor tirou a capa e começou a procurar em todos os bolsos. "Pedroso dei a você o escrito da minha lição?" Não Professor, não me deu nada. "Ficou lá para alimento das árvores, paciência" e avançou para o anfiteatro.

Um Professor Chagas com lama até meio das calças, com a sua figura elegante e simpática, entrou na sala repleta de pessoas.

Lá explicou brevemente donde vinha e porque tinha tanta lama e, a seguir, deu uma lição que eu considero das mais maravilhosas que ouvi em toda a minha vida!

Que enorme privilégio foi conhecer e conviver com o Prof. Carlos Chagas!

Mas, antes da lição sobre ciência, estava a outra, aquela de uma pessoa do outro lado do oceano nos vir falar das árvores que temos aqui, a quatro ou cinco quilómetros, que são raridades reconhecidas em todo o mundo e que nós mal conhecemos.

Aliás, Vale de Canas continua a ser uma relíquia desprezada.

Recentemente, tentei encontrar ligações da Universidade de Coimbra a Vale de Canas, não encontrei...

Sinto que também sou culpado...

A AVÓ

Eram, a filha e os quatro netos, o que restava da sua família mais direta, pelo menos junto dela, com a morte do filho e marido e a partida, sem regresso, da filha mais velha.

Só me lembro dela, com pormenor, já curvada, na sua roupa de um luto nunca aliviado.

Ficava sentada na sala de jantar, numa daquelas cadeiras de costas com um duplo arco e assentos de contraplacado, mas que foram de palhinha, noutros tempos. Tinha pavor das correntes de ar. Ficava num canto da sala junto da esquina da mesa, curvada e embrulhada num xaile de lã de ponto grosso, que ela própria fizera. Aliás, nesse canto, tinha muitas alternativas, como fazer malha ou renda, descascar ervilhas ou favas, escolher o arroz e rezar o terço, o que fazia sem regularidade. Mesmo assim, era das poucas manifestações piedosas que lhe conhecíamos. Tínhamos a certeza que estava mesmo a rezar, porque a boca desdentada mexia um bocado. De vez em quando fazia um gesto de avanço e recuo do maxilar inferior que envolvia os lábios e as magras bochechas, num quase mastigar característico, que não era reza, mas despertava a atenção.

Quando colocava os óculos, de finos aros metálicos redondos, tinha um gesto peculiar de desenrolar lentamente a curva das hastes flexíveis para as colocar nas orelhas. Dava a sensação de estar a preparar um mecanismo ótico privado e complexo.

Era também naquele lugar que lia, ouvia o rádio e, em particular, as novelas radiofónicas que vivia sem dramatismos.

Caminhava sempre devagar calçando chinelos de pano sobre meias pretas. Cozia e recozia os chinelos que acabavam por ficar finos como lâminas, nos calcanhares.

Fazia toda a roupa dela e dos netos. Também fazia camisas de homem como uma profissional, meias de renda fenomenais, cerzia com mestria e parecia não haver nada de costura que não fosse capaz de fazer.

Cozinhava como ninguém. Nunca mais comi arroz de polvo como o que ela fazia, excepcional! Batia a filha nas sopas e, aqueles empadões, com carne a poupar, eram bem melhores do que os que hoje se comem, recheados de quase tudo. O esparregado de acelgas que nos fazia é inesquecível.

Fazia remédios incríveis. Seiva de piteira brava. Geleia de mão de vaca. Casca de ovo dissolvida em limão com vinho do Porto.

A Avó sabia muita coisa e ajudava a filha e os netos em quase tudo. Era qualquer coisa entre anjo da guarda e tirano naquela casa mas, as questões que havia com a filha acabavam sempre num ou dois dias.

Identificava os netos mal cheirosos inconfessos com "cheiradelas" bem colocadas.

Havia, aliás, terminologia própria para o tema que incluía "ventos comes apanhas" e "a brisa que desliza pela fralda da camisa".

Classificava as pessoas de que não gostava das maneiras mais humilhantes e redutoras: a Marquitas que pica os "grães", o bota fumo, o negalho, o biltre, o pilantra, o pedaço de asno, o porco russo, etc.

Porém, a pior palavra que lhe conheci, era para classificar alguém que achasse metediço e pouco viril: um cóninhas.

Tinha também expressões e palavras muito mais diretas do que o português corrente: uma pêssega, uma nódoa fecal; uma de costa de mão, uma lambada bem dada; uma basulaca, uma megera avolumada; uma foleca, uma manifestação aerofágica silenciosa e "Cagarim, cagarão, cagaroto" que, para a Avó, era o ponto mais final para qualquer assunto.

Nunca deixei de a achar bela e, estivesse como estivesse, tinha sempre a dignidade de uma aristocrata. Mesmo quando dizia palavrões não perdia a dignidade.

Houve uma altura que pensei que o modo como sabia acabar qualquer assunto era também importante para a criação desta imagem. Cavava um imenso fosso entre ela e alguém numa fração de segundo. Era o tom da última frase, a postura, o olhar, tudo junto e lá estava ela distante, a milhas, ao pé de um interlocutor sem palavra e meio desmoralizado. A Avó afastava-se depois, e fazia-o sempre sem olhar para trás.

Era a conselheira das irmãs. Tinha três: duas mais novas e uma mais velha mas todas com dramas medonhos que eram sempre referidos entre elas com palavras sussurradas para mais ninguém ouvir.

Quando se irritava de verdade era terrível. Atirava com o que tinha à mão e corria agilmente. Uma vez atirou com um despertador que atingiu a cabeça de um neto ao mesmo tempo que gritava: Ah Cão! Outra vez, depois de uma malandrice do mesmo neto correu atrás dele passou-lhe uma rasteira e fê-lo aterrar de cabeça num ferro de suporte de videiras. Duas cabeças partidas. Mas o coração dela era de ouro e depois destas manifestações bélicas surgia extremamente feminina e o neto tinha carícias e dinheiro extra durante meses. O crime da Avó compensava sempre ...

Lembro-me dos braços dela, muito brancos, com uma camisa preta com pequenas pintinhas brancas, de mangas arregaçadas, cabelo puxado para trás, e sinto a sua falta. Até mesmo daquela borbulha com pêlos que tinha no queixo, da corcundazinha que foi aparecendo com o tempo e do arrastar dos seus chinelos de pano.

Já não sei exactamente como o disse, no leito onde iria morrer daí a pouco, mas lembro-me que pôs a sua mão sobre a minha e me olhou antes por uns instantes, mas foi qualquer coisa como..."vais sair-te muito bem, meu neto".

Até nessa altura os interesses dos mais queridos estiveram primeiro...

Tenho o retrato dela, quando ainda era nova, a minha Avó, mesmo em frente de mim.

A AULA DO ALDEÍDO

Era uma figura de romance. Alto, moreno, de cabelo preto, longas patilhas que se estendiam em bico até meio da face e nariz saliente. Vestia fora de moda e usava um chapéu tipo Bogart que só tirava nas aulas. Não me lembro do nome do senhor mas recordo-me que tinha, entre nós, uma alcunha pouco simpática. Vou chamá-lo simplesmente de Estagiário.

Na altura em que o conheci, pelo meu sexto ano do liceu, era ele um dos professores estagiários de física e química, do então metodólogo Dr. Zamith, reconhecido este pela sua competência e justeza, meu professor na altura.

O Estagiário mal começou a dar aulas, logo se mostrou diferente. Distribuía cópias dactilografadas das matérias que iria dar e, na primeira página, em baixo, escrevia sempre: Homenagem a Nossa Srª. de Fátima. Eram apontamentos algo dispersos, com conceitos por vezes demasiado avançados para os destinatários e às vezes postos de modo bizarro, mas não deixavam de ser úteis. Lembro-me que defendia que as calorias com sinal menos deviam chamar-se de frigorias.

Achava que as aulas teóricas deviam ser acompanhadas de demonstração prática ao vivo e tentava fazê-lo, sempre que havia condições.

O que quero relatar a seguir deve ser próximo do máximo que se pode viver numa sala de aula. Ainda hoje me lembro, sessenta anos depois do Dr. Zamith a rir de tal maneira que tinha de agarrar-se, para não cair da cadeira abaixo.

Foi numa aula de Química no anfiteatro do antigo Liceu D. João III. Era um anfiteatro próprio para demonstrações com uma mesa corrida, comprida, com tampo de ardósia em frente das carteiras dos alunos, estas em bancada e assentes numa ampla e sólida estrutura de ferro, com declive considerável.

O Estagiário estava a ensinar a produzir aldeído a partir do álcool etílico por oxidação com mistura cromo-sulfúrica. O álcool com a mistura estavam num balão assente num suporte em tripé, a ser aquecido por um bico de Bunsen. Da rolha do balão saía um termómetro, o tubo de uma coluna de destilação em espiral e também um pequeno funil com torneira. A coluna de destilação ia dar a um copo que recebia o aldeído destilado. A dois palmos estava uma tina com álcool para outra experiência da aula e, mais para o fundo, um maço com os pontos que havíamos feito na aula anterior, bem difícil por sinal.

O Estagiário escrevia e explicava as equações das reações químicas no extenso quadro com as costas voltadas para nós e para a experiência, enquanto a mistura aquecia.

No ar sentia-se já aquele cheiro meio remédio, meio perfume, do aldeído.

O Dr. Zamith avisou várias vezes: - Cuidado Dr. não pode ultrapassar os 80 graus!

- Sei o que estou a fazer, ripostava o independente estagiário com a sua voz grave, enquanto tentava fazer tudo ao mesmo tempo.

Subitamente ouviu-se um estampido forte e rouco! O balão rebentara!

A mistura derramada sobre a mesa, inflamou-se, e a chama progrediu rapidamente ao longo da mesa de ardósia, envolvendo o copo do aldeído e a tina.

O Estagiário largou o giz e correu a tirar o copo do fogo. Conseguiu. Tentou depois, nervosamente, tirar a tina mas queimava-se. Pegou-lhe de lado, mas teve que a largar, inclinou-a, entornou,... e o álcool na tina ficou também a arder.

Teve então uma ideia de génio, pegou num pano que ali estava e meteu-o dentro da tina em chamas, num gesto de colocar bandarilhas, fazendo força para abafar, apesar das chamas à volta dos seus braços.

Pareceu que dentro da tina o fogo tinha apagado, ouviu-se mesmo a sua voz imperiosa: - Já está!

Mas, ao tirar o pano, este, imediatamente, ficou envolto em chamas, altas, de um amarelo-claro.

Atirou-o logo para o chão e saltou-lhe para cima, pisando-o frenético.

Espremeu-o...e ficou com álcool a arder nos sapatos!

Desatou então a saltar como um louco no estrado, com os sapatos a arder, enquanto as chamas na mesa ao lado e no pano do estrado, continuavam altas e vivas.

Parecia um cenário do inferno com um diabo a tentar uma dança russa mal ensaiada!

Os alunos caíam desamparados das cadeiras a rir como desalmados.

As jovens estagiárias presentes, gritavam histéricas de riso e de nervos, o metodólogo parecia na iminência de um ataque cardíaco, agarrado à cadeira!

O Estagiário saltava, saltava!

Foi então que se ouviu um grito estridente: - Os pontos estão a arder!

Ainda correram a tentar salvá-los mas alguns ficaram muito mal tratados.

Perante a algazarra apareceram contínuos do liceu que, com algum esforço, acabaram com o fogo e com a dança.

Nunca mais vimos o Estagiário.

Só muito depois é que pensei nele, como ser humano, para além de protagonista nestes incríveis acontecimentos. No fundo, festejámos com gargalhadas o ruir de uma carreira, totalmente indiferentes à enorme frustração que deve ter sentido.

Não sei se havia alguma coisa associada ao seu comportamento, mas, nas suas ideias, havia muito de positivo incluindo uma intenção construtiva de melhoria, invulgar na época e à qual nada ligámos.

Este tardio sentimento de culpa ficou junto das outras recordações como nota triste e um tanto cruel, mostrando o que pode suceder a ideias novas, mesmo construtivas.

Muitos anos depois fiz o que ele tinha sonhado fazer, mas em aulas gravadas em vídeo, onde, em sobreposição com a explicação teórica apareciam, numa pequena área num dos cantos superiores do ecrã, as experiências e os detalhes práticos explicativos, mas agora gravados em separado e sem riscos.

Gostaria que, um dia, alguém me dissesse que o Estagiário tinha afinal ultrapassado tudo aquilo e tinha tido uma carreira perfeitamente normal, num local sossegado e sem aldeídos... uma homenagem a Nossa Srª. de Fátima!

SENTA-TE AÍ

- Senta-te aí e conta-me lá como foram as tuas férias, disse-me a minha Avó com o seu sorriso esfíngico, que só se distinguia com a prática. - Boas, acho, disse eu, a jogar um bocado à defesa, com os meus quinze anos, acabados de fazer. - Olha, se eu quisesse um telegrama não te tinha chamado. Já estou a ver que houve caso! Retorquiu a minha Avó, com aquela incrível capacidade de adivinhar o que se passava na minha cabeça. Adorava tudo naquela senhora de cabelos ainda negros e inteligência aguçada. – Houve sim, mas é segredo, acabei por dizer, eu que não sabia nunca como fugir da sua curiosidade. Pensando bem, o seu interesse era mesmo do que mais gostava na vida. A minha Avó levantou-se, então, e já de costas perguntou: Como é que ela se chama? Não contava com uma pergunta tão direta e levei algum tempo a responder.

- Pronto, chama-se Manuela! - O quê, a filha do Sr. Elias? Perguntou. - Sim, porquê? Respondi eu, um pouco irritado pela exagerada surpresa. Então ela disse: - Só porque ela deve ter mais de três anos que tu, só por isso. A minha Avó sabia a idade de toda a gente num raio de cinquenta quilómetros, pelo menos. - Três anos não são nada, quando tivermos trinta ou mais, disse eu, convicto. Veio a resposta: – Ah, Ah, pois é mesmo com essa idade que a diferença começa a pesar, menino. - Como? Perguntei.

- Claro que não é uma regra geral, mas os homens preferem mulheres novas e não o contrário, não sabias? Mais uma vez tinha entrado num beco sem saída e resolvi ir por outro caminho: -

A Avó nem a conhece e já está a fazer críticas. – Não fiz nenhuma crítica e nem conheço bem a pequena, é certo. Também não é nenhuma coisa do outro mundo, um casal com a mulher mais velha, só que, quando se começam a pesar vantagens e desvantagens, não interessa fugir à realidade.

Lembro-me desta conversa com a minha Avó e de muitas outras. Sempre me marcaram e não sei se o curto namorico que tive com Manuela, não iniciou o seu processo de morte programada, nesta mesma conversa. A erosão que as minhas recordações sofreram com o andar dos anos, transformou umas poucas, em objetos de estimação. Quando, uma vez, abatido, contei à minha Avó um acontecimento profissional onde me sentia prejudicado, ela disse-me: - Tinhas menos de um mês, levava-te eu ao colo, na rua, quando tropecei e te deixei cair no chão. Ficaste com a cabeça que parecia um tijolo. Sofri horrivelmente, mas tu, uma semana depois, estavas já com a cabeça redonda e mais mexido do que nunca. Aprendeste muito cedo a recuperar e não vão ser agora uns fulaninhos quaisquer a atirarem-te abaixo!

Nas ocasiões mais críticas lembro-me sempre da minha Avó e da cabeça de tijolo, um objeto de estimação. O esforço para arredondar a cabeça tem dado sempre resultado.

Mas ainda não disse por que é que me deu para escrever isto, hoje. É que vi a Manuela depois de, sei lá, mais de quarenta anos! Arrastava-se, agarrada ao marido dum lado e a uma canadiana do outro. Claro que não faz qualquer sentido associar estas coisas, mas lembrei-me logo da minha Avó e do seu antiquado preconceito sobre a diferença de idade nos casais.

O CASO DAMIÃO

Aquilo que Damião Augusto dos Santos, escrivão de Direito e proprietário de terras no Baixo Mondego escreveu antes de pôr termo à vida, não podia deixar de espantar os seus familiares e amigos e, muito em particular a esposa, com quem tinha tido um casamento serenamente bem sucedido.

Dizia Damião dos Santos naquilo que seria o seu último ato de escrita, que, ao ler por acaso o perfil psicológico de Samuel Ressing, encontrou incríveis semelhanças com a sua pessoa. Só que Samuel Ressing era um pacífico pai de família do Alabama que, um dia, sem qualquer explicação, matou indiscriminadamente três pessoas, antes de se suicidar. Damião, ao aprofundar o seu estudo sobre Ressing, cada vez se convenceu mais da quase identidade nas experiências e nas vidas, que existia entre ambos.

A convicção de que, um dia qualquer, iria também arranjar uma arma e executar pessoas antes de se matar, cedo começou a atormentar o seu espírito.

Lutou fortemente, no início, contra tal ideia, mas a sensação de inevitabilidade tornou-se tão intensa que decidiu aceitá-la e inventar uma estratégia. Se o momento chegasse, ele avançaria sim, mas inverteria a ordem das execuções: seria ele o primeiro.

Não lhe pareceu que isso prejudicasse fosse quem fosse, nem que estivesse contra o seu próprio sentir, pois as vítimas de Ressing, segundo o que se apurou, não tinham qualquer tipo de relacionamento com ele. Deste modo, a ordem das execuções não devia interessar e ele, assim como Ressing, só estaria em ação enquanto lhe apetecesse.

Viveu dois anos na espectativa e, quando a certeza da proximidade se instalou, escreveu a carta cujo fragmento referimos acima. Foi nessa altura que arranjou uma arma por processos que se desconhecem, mas que, pela certa, não foram os mais legais.

Os acontecimentos trágicos desenrolaram-se como no caso Ressing, mas só no início.

Damião entrou numa repartição onde não conhecia ninguém com a sua arma em punho e, para pavor e alívio dos presentes, apontou à sua própria cabeça, disparou e ali ficou. A ordem de execução foi, assim, decisiva.

O Presidente do Tribunal nas palavras fortes que pronunciou na cerimónia fúnebre onde compareceu constrangido, referiu "a enorme coragem que Damião dos Santos demonstrou na luta contra os demónios que eram a sua própria doença".

Numa análise deste drama pensei que a oportunidade ou a ordem de ocorrência dos acontecimentos, pode ter uma importância vital em muitas situações e que, por vezes, pode ser inteligentemente controlada. Mesmo doente, foi o que o Damião fez.

Apesar de tal controlo ser só raramente possível é, por vezes, muito útil.

No caso das Lojas de Saber, por exemplo, tenta alterar-se a ordem da anulação da experiência e conhecimentos profissionais, durante o envelhecimento, de um modo inteligente e construtivo, salvando também alguma coisa. Aqui, a doença está no sistema de reforma que possuímos.

O CONCERTO

O meu amigo Pena, Engenheiro eletrónico, pianista amador e também algo louco, sempre foi uma fonte inesgotável de histórias e peripécias, algumas de fazer rir às gargalhadas.

Uma vez, na propriedade dos seus pais numa Beira já muito alta, no fim de um Verão com um bom Setembro, decidiu fazer um concerto de piano para o pessoal lá da terra. Tocaria umas peças escolhidas, pouco complexas, de Chopin, Schumann e Mozart. Coisas que dava mesmo para as pessoas gostarem.

Perante a possibilidade da sala grande da casa ser insuficiente (e também o desagrado dos pais em terem a bela sala cheia de gente que mal conheciam) decidiu levar o pesado piano para o armazém onde daria o concerto. Foi um trabalho difícil, conseguido com o esforço de seis homens possantes e grossos paus almofadados com serapilheira.

O velho armazém cheio de cadeiras de vários tipos, bancos e caixotes com panos por cima, não era exactamente o São Carlos mas, se olhássemos só para o piano, com o fundo coberto, de alto a baixo, com panais da apanha da azeitona, até lembrava um bocado.

O Pena preparou o concerto ao pormenor e quando chegou o dia, às oito e meia já a sala estava apinhada. Às nove entrou o solista, smoking branco, impecável. Disse algumas palavras onde "respeito e homenagem aos que trabalham a terra" foi repetido, pelo menos, duas vezes.

O noturno nº3 foi bem tocado e agradável de ouvir, apesar da péssima acústica e do frequente cacarejar de galinhas que, com os seus hábitos perturbados, estavam inquietas e se perseguiam em correrias estranhas.

Tudo corria normalmente quando o incidente ocorreu.

Foi na Marcha Fúnebre. Um frango perseguido, desenfreado, saltou para o teclado e introduziu uma escala dissonante na obra de Mozart. - Ah! Filho da mãe que te mato! Gritou o solista que saltou do banco e parecia decidido a perseguir a ave quando, de súbito parou e pediu em voz alta: - Apanhem-me o bicho e guardem-no, por favor. Voltou atrás e sentou-se de novo ao piano.

Para pasmo dos circunstantes o Pena tocou a parte da Marcha que estava a executar, mas agora com os acordes introduzidos pelo frango e continuou a tocar a obra, com ar pensativo, entrando com o novo tema e o compasso apropriado.

Toda a gente gostou e o incidente foi muito recordado.

O Pena quis o frango num compartimento separado e tratado com todo o cuidado.

No dia seguinte, com o piano já no seu lugar, ligou um gravador, foi buscar o frango e, partindo sempre do mesmo ponto e com o animal na mesma posição, pô-lo a andar em cima do teclado em simultâneo com os acordes da marcha fúnebre, provenientes de umas colunas.

Para melhorar o desempenho do frango colocava um recipiente com milho no fim dos trajetos. Repetiu esta experiência vezes sem conta, dias a fio, sempre com a marcha fúnebre a tocar.

Mês e meio depois foi processar os resultados no computador.

Desprezou os registos menos conseguidos porque o animal escorregou, ou parou, e processou os restantes, obtidos dia após dia, até encontrar sequências sonoras representativas do todo.

O que o Pena pretendia era não só descobrir se havia um modelo rítmico para as diversas caminhadas do frango, num sentido e no outro mas, e sobretudo, ver se, com a repetição da audição, o padrão se modificava e se apresentava alguma correlação com a marcha fúnebre.

A partir do sexto dia o padrão rítmico começou a alterar-se e ao vigésimo dia os espetros de frequência mostravam componentes na marcha do frango, não existentes no início. Esta tendência acentuou-se até estabilizar mas a sua ligação com a marcha fúnebre não era evidente.

Falámos sobre a experiência. Com o seu ar infantil disse-me: - Que as galinhas reconhecem sons já era sabido, basta chamar ou bater no tacho da comida e lá vêem elas desenfreadas. Reconhecer música e marcar um ritmo é que não sei se são capazes.

O que pretendes fazer a seguir? Perguntei-lhe.

Então ele explicou: -Já viste o que era ter frangos de escola, como os cavalos!

O ESQUELETO

Pelos meados dos anos cinquenta, nos trabalhos da cidade universitária de Coimbra, na parte alta da cidade e nas ruínas de uma antiga igreja, foram descobertas sepulturas, tendo ficado a descoberto numerosos ossos. As obras estavam vedadas ao público, mas, o meu amigo Pedro soube da existência dos ossos e engendrou um esquema macabro. É que ele iria precisar de um esqueleto para o próximo ano, no curso de medicina e, de certeza, o pai, um sovina incorrigível, recusar-se-ia a dar-lhe o dinheiro para uma tal aquisição.

O plano era irmos surripiar ossos, em abundância, de modo a ter um esqueleto completo. Fizemos uma prévia avaliação do local, durante o dia, tendo conseguido aproximar-nos da zona crítica. Fomos impedidos de continuar por um capataz. A área das obras era vasta e relativamente longe de casas habitadas.

Perto das duas da manhã, lá fomos levar a cabo a missão, munidos de pilhas e com três sacos de batatas vazios.

Saltámos facilmente e sem ruído a vedação da obra. Depressa chegámos às ruínas da igreja sem qualquer oposição. A barraca das obras ficava a uns trinta metros.

Depois de alguma procura encontrámos o local onde estavam os ossos, tapados por lonas. Enchemos os três sacos, recolocámos as lonas e, depois, silenciosamente, carregámos o espólio até à vedação. Pedro saltou para o exterior. Quando eu ia começar a passar-lhe os sacos, Pedro, do outro lado disse: - Vem gente, aguenta aí!

Ouvi os passos de Pedro a afastar-se do local e, segundos depois, comecei a ouvir vozes e passos que se aproximavam.

Sentia-me encurralado e numa situação potencialmente perigosa, mas decidi aguardar estático. Era um casal a discutir se deviam casar já, ou não. Ela fazia contas e achava que dava para se casarem, ele mostrava-se cauteloso. Estavam parados exatamente do outro lado da vedação, separados de mim por uma tábua de madeira. Continuavam a discutir, de forma interminável, agora com um aditivo que parecia serem beijos e carícias. Passava das três da manhã e eu, rodeado por sacos de ossos, desesperava. Decidi então, tomar uma atitude. Cuidadosamente, tirei um crânio de um dos sacos, agarrei numa cana que estava perto, e enfiei-a na base do crânio. Depois, elevei-o até ao topo da vedação e inclinei-o, como se estivesse a espreitar para baixo. Bati-o levemente no topo da paliçada, para chamar a atenção. A reacção não se fez esperar: "Ohhh...Mani, está ali um esqueleto a espreitar!", e fugiram que nem danados.

Mal contendo a vontade de rir, retirei, devagar, o crânio e esperei longos minutos sem ouvir qualquer som, até que, finalmente, ouvi passos.

– Sou eu! Foste sensacional! Eles estiveram a espreitar, ao longe, um bocado, mas já se foram, disse Pedro, do outro lado.

Tinha observado os acontecimentos, escondido, à distância.

Passei então os ossos por cima da vedação e saltei, finalmente, para fora. Depois, foi a longa e penosa caminhada até casa, escondidos nas sombras, com todas as cautelas, para não sermos vistos com sacos cheios, àquela hora.

Pedro telefonou, no dia seguinte, cedo e disse: - Pá, só conseguimos 122 ossos diferentes, nos três sacos. Faltam 64! Temos de voltar.

Na operação do dia seguinte, nada de especial aconteceu, mas Pedro nunca chegou a ter o esqueleto completo.

OS INGLESES

A Manchester dos anos sessenta era uma cidade fria e escura. No inverno podíamos estar três meses sem ver o sol, ou mesmo o azul do céu.

Nos dias de nevoeiro só víamos o nosso corpo até à cintura e era estranho termos o filho ao nosso lado, de mão dada, sem o vermos.

O candeeiro na rua, em frente da janela do meu quarto, deixava de se ver, mesmo à noite e, para se andar de carro, era a passo de caracol com o pendura de porta aberta, a indicar a berma.

Eu odiava a neve porque sempre que nevava, perdia horas a descobrir o meu carro nos volumes brancos, todos iguais, no imenso parque da universidade, mas gostava dos narizes vermelhos das crianças, a brincar na neve.

A poluição era enorme e, quando íamos à rua, uma camisa branca voltava cinzenta.

Um fim-de-semana com sol era um bem precioso. Era como se saíssemos de uma caixa. Corríamos para a rua e havia rostos felizes por todo o lado. Nesses dias, muitas vezes, quando as pessoas se cruzavam nos parques, faziam um gesto mínimo de cumprimento, solidário, quase impercetível, uma versão polida do nosso saudar nas aldeias.

Era a época dos Beatles, das óperas rock e das minissaias com cuequinhas de renda.

Eu era jovem e chegado àquela terra com a família, armas e bagagens. Para prevenir ensinara algumas frases essenciais aos meus filhos, em idade escolar. O meu inglês devia ser mais técnico que coloquial pois, logo no primeiro dia de aulas, o meu filho me disse que ia fazendo xixi nas calças porque ninguém sabia o que era "water closet".

Não havia casas para alugar, na altura, em Manchester, mas consegui descobrir uma "gentleman house" que estava para ser demolida e que podia ser alugada até tal acontecer. Apesar da renda baratíssima, ninguém a queria. Havia o risco de ter de sair, no dia seguinte ao da entrada. Em desespero, fui ao "Housing estate" o correspondente serviço da câmara, onde uma senhora caridosa, depois de me olhar em silêncio, por cima dos óculos e ter consultado várias pastas, me garantiu que antes de sete meses a um ano, as obras não podiam começar.

Foi assim que, no primeiro ano de Inglaterra, vivemos num palácio com um enorme jardim, dois salões de festas, onde os meus filhos andavam de bicicleta nos dias de chuva, e três garagens. Ficava numa zona residencial, antigo bairro de judeus ricos e longe dos meus colegas portugueses que, na altura, estudavam, como eu, na Universidade.

No princípio, os vizinhos mal olhavam para nós. Fiquei logo certo que viver numa enorme casa senhorial, em vias de demolição, não me dava grande estatuto.

Os filhos é que salvaram a situação. Em menos de três semanas já comunicavam razoavelmente e brincavam com as crianças das redondezas.

Depois de um período de análise pelos vizinhos, começaram a aparecer os sorrisos e os "Good morning Mister de Lima. Lovely your children!".

Em breve começámos a ser convidados para os "parties", a participar em atividades nos fins de semana e a ter ingleses apreciadores de comida portuguesa.

Deixámos de ser Mr e Mrs de Lima, ficámos o Joe e a Maria.

Percebi então que a amizade em inglês é uma coisa séria.

Nos dias em que a minha mulher esteve internada num Hospital, numas férias da Páscoa, às oito da manhã, sem eu pedir nada, lá estava um vizinho para ficar com as crianças, para eu poder ir para a Universidade. Não falhou um só dia.

Em meados de Junho para não perderem a escola portuguesa vinham os filhos fazer os exames a Portugal, com a mãe, a dedicada professora, a "apertá-los" até aos últimos instantes.

Ficava eu sozinho até Agosto, mas, quando chegava a casa, perto das oito, tinha à porta um "pirex" com o jantar, trazido por um dos amigos do lado, cientes da minha negação culinária.

Muitas mais coisas como esta aconteceram e muitas outras que eu fiz, para eles, poderia também contar. Aprendi que a arte de sentir o sentir dos outros, pode tornar um descampado num jardim.

Voltei, por fim, para esta terra, onde sempre quis viver.

Ainda tenho esperanças que ela se torne num jardim, toda ela!

LEONOR

Marco recordou-se da magia de um certo momento da sua juventude, numas férias na aldeia, quando uma gargalhada, vinda do alto de um castanheiro, o fez olhar para cima. Lá estava ela a sorrir, com os seus quinze anos vestidos de branco, esticada num ramo. Gritou-lhe, lá de cima: - Vou descer, e, quando já no chão se aproximou, ela continuou: - Sei que és filho do veterinário.

Marco estava imobilizado pela surpresa e pela incrível graça daquele ser, vindo das alturas. Lá balbuciou: - E tu quem és? - Sou a Leonor, respondeu, e quero que venhas comigo ver o local mais lindo daqui. É secreto! Puxou-o pelo braço e lá foram.

- Já te tinha visto e pensei logo que ias ser meu amigo, disse Leonor, à medida que avançavam.

- O que é que fazes, perguntou Marco, para disfarçar os confusos sentimentos que se debatiam no seu peito.

- Estudo em Viseu e tu?

Não lhe respondeu logo, porque teve de saltar um muro, atrás dela que, rápida, avançava por um trilho que Marco desconhecia. - Estou no quinto, respondeu, estudo no Porto.

Aproximaram-se de um desnível onde era necessário subir uma barreira. Marco avançou e deu-lhe a mão, para a ajudar a subir. O contacto da pequena mão húmida pareceu acalmar a sua perturbação e, pela primeira vez, conseguiu olhá-la com atenção. Pele muito branca, cabelo entre o castanho e o ruivo, olhos claros e expressivos. Sem ser muito alta, tinha porte elegante, e um ar de radiosa alegria.

- Por que é que achaste que íamos ser amigos? Perguntou Marco.

- Porque quando ontem nos cruzámos, pregaste os olhos no chão e nem me olhaste. Com essa timidez, não podes ser um malandro e, sobretudo, porque estou aqui sozinha há quase uma semana, sem ter ninguém para falar.

- Não me lembro de te ter visto e não sei se acertaste na escolha. Dizem que nunca falo, disse Marco.

- Não precisas de falar muito para seres boa companhia!

Aproximaram-se de um sítio de grande beleza, mas de acesso difícil. Junto a uma escarpa em xisto, a vegetação luxuriante quase escondia uma límpida cascata, que caía num pequeno lago, de forma quase triangular, circundado de fetos. - Vês? Não achas sensacional? Perguntou Leonor.

- De facto é extraordinário, só as silvas é que estragam um bocado, retorquiu Marco, debatendo-se com vários ramos cheios de espinhos.

- Sabes, isto pertence a uma quinta que está para vender há décadas, disse Leonor. Enquanto não venderem podemos andar por aqui, à vontade.

Marco não se lembrava de quantas vezes voltara àquele local com Leonor, mas sabia que nunca tivera outro amor, na sua vida, tão inocente como este. Ainda sentia o seu cheiro a lavanda e recordava o riso cristalino com acordes estranhos, acrescentados no fim das frases.

Alguns olhares, longos e com o coração a transbordar de felicidade, foi o máximo que aconteceu naquele inesquecível princípio de um Verão,... nos seus quinze anos.

Não voltou a ver Leonor. As mudanças que vieram com o divórcio dos seus pais alteraram-lhe todos os planos.

Quase duas décadas mais tarde tentou rever o lugar, mas deu-se com um muro de uma elegante vivenda.

Quando perguntou de quem era a mansão, disseram-lhe que era dum engenheiro casado com uma senhora cuja família era dali, a Dª Leonor.

Marco ficou com a sensação de que não era só ele a recordar aquelas férias...

PÁGINA DE UM DIÁRIO

Estava caído no chão, junto do banco onde sempre me sento, no jardim da cidade, nos dias de sol do Inverno. Era um caderno de capa dura, de cor castanha, que dizia, por fora: "Diário" e, um pouco mais abaixo, "Clo". Esperei que a dona aparecesse, naquela manhã e também nas seguintes. Perguntei às raparigas, que via por ali, se conheciam uma Clo que também viesse ao jardim. Não, não conheciam nenhuma Clotilde, Cloé, Clorinda ou nome parecido, que andasse por ali. Achei que não devia ler o diário de outra pessoa e por isso não o abri. Pus um pequeno anúncio no jornal da terra. Não veio qualquer resposta. Aguardei meses sem que aparecesse alguém. Um dia, decidi abri-lo. Não era propriamente um diário. Tinha, simplesmente, alguns textos com datas no início. Escolhi ler um escrito, ao acaso, na página onde o livro se abrisse. Calhou no dia 20/12/2011. Era assim:

"Continuo à espera que apareças, meu amor. Sempre que posso, vou à janela que dá para a rua por onde penso que virás. O facto de não te ver não me desanima, pois sei que só virás quando tiveres terminado as importantes tarefas que tens para fazer. Sei que és perfeito desde o primeiro instante em que te vi. Recordo-me que senti uma espécie de choque elétrico, paralisante, quando apareceste e te olhei aquela primeira vez. Foi numa aula cedo, a primeira de um novo ano letivo e tu eras o meu novo professor. Sei que reparaste em mim e disfarçaste. Eu estava numa carteira na terceira fila à tua esquerda, mas sentia o teu cheiro. Agradava-me cada gesto teu e isso fazia-me feliz. Cada olhar que me dirigias agitava a minha alma de forma perturbadora. Passou a ser sempre assim em cada aula em que estavas. Senti que a minha vida tinha ficado diferente a partir daquele instante. Era como se tivesse entrado numa clareira com um sol diferente, tudo de um verde muito claro e com flores desconhecidas por todo o lado. Senti que, fosse em que mundo fosse, serias sempre meu. Naquele primeiro dia, na minha cabeça, aquele instante foi uma cerimónia nupcial e declarei para mim própria ser-te fiel para sempre. Sei que és nobre e generoso e que ficarias comovido na cerimónia.

Passaram-se já trinta anos e tu não chegaste ainda. Sei que continuaste a tua vida, formaste uma família, tens filhos e netos, mas eu continuo a ir à janela. O que sinto por ti pertence a um mundo diferente onde não está nada do que nos rodeia, a ti e a mim, onde o tempo não é rápido nem lento, onde os seres estão para lá das perceções e se vive num estado tão criado pelo cérebro como qualquer outro, mas este, só para ti.

Basta-me ver-te, de vez em quando, para as cores do meu mundo ficarem mais vivas. Sonho com o dia em que correrás ao meu lado num campo de flores que semeaste, só para mim.

Folheando o livro verifiquei que havia crónicas com datas desde os princípios dos anos oitenta e todas elas eram como que hinos a esta forma de amar em que nada se reclama, em que a força está na simples existência do ser que se ama.

Pensei que quem perdeu aquele livro talvez fosse um anjo, do sexo feminino, que um dia há muitos anos, veio até aqui e se encantou.

A PIOR DAS VIAGENS

Era a terceira vez que percorria o convés do navio em toda a sua extensão.

O mar estava agitado no Canal e o "ferry-boat" dançava ao som dos estranhos gemidos que saíam das junções da sua estrutura.

Estávamos a navegar de Newhaven para Dieppe e era uma noite nos fins de Julho no cair dos anos sessenta. O barco partira perto das oito da noite, depois da demorada operação de recolha das dezenas de carros dos passageiros e estávamos a navegar há mais de uma hora. As mulheres da família tinham recolhido aos camarotes com a ameaça de enjoo. Fiquei eu com o filho de oito anos. Este não quisera jantar e foi comer um gelado, enquanto eu me sentei no bar com uma sandes e uma cerveja à minha frente. Acabei de comer e o rapaz sem voltar. Dei uma volta pelo restaurante e pelas salas de estar, repletas de passageiros e não o encontrei. Conclui que tinha ido ter com a mãe e irmã. Quando cheguei ao camarote verifiquei que não regressara. Depois de ter ouvido um "Então vieste sem o menino!" voltei atrás. Não o vi no hall da receção do barco nem nos restaurantes e comecei então com as tais voltas ao convés.

Era um barco recente, sem riscos aparentes e bem iluminado, mas uma sensação estranha começou a crescer no meu peito. Fui à receção. Ninguém tinha visto uma criança com aquelas ca-racterísticas, por ali. Sugeriram-me que visse nos acessos à casa das máquinas. A curiosidade dos miúdos por estas coisas... "you know...". Não pareceram preocupados, as balaustradas eram altas em toda a extensão do convés. Lá fui à casa das máquinas. Nada. Pensei que o mais lógico era ele não ter encontrado o camarote e ter-se perdido. Percorri todos os corredores de camarotes de todas as classes do barco, de uma ponta à outra, sem êxito. A angústia que sentia avolumava-se com o horrível pensamento de que podia ter-se debruçado e caído ao mar. Pela minha cabeça passavam todos os sentimentos de culpa, todos os arrependimentos, todas as crenças e todas as promessas. O negro do mar, naquela noite, mal o olhava, entrava-me pelos olhos como uma obsessão.

Voltei ao camarote. Podia já ter regressado. Verifiquei que não voltara e instalei o pânico no resto da família.

Fui de novo à receção. Desta vez a funcionária mostrou preocupação. Fez alguns telefonemas para colegas em diferentes pontos do navio. Tudo negativo. Decidiu então chamar pelos altifalantes que se ouviam em qualquer ponto do navio. Já passava da dez da noite. São palavras que nunca esquecerei: "Master Joe de Lima, you are requested at the reception area. Your dad is waiting for you". Esta frase foi repetida com intervalos de alguns minutos, que pareceram horas. A ansiedade que sentia era quase impossível de controlar. Outros passageiros mostravam a sua solidariedade. À terceira chamada vi a minha mulher aparecer, lívida e com um aspeto de sofrimento indescritível, agarrada ao corrimão, no cimo das escadas de acesso aos camarotes. Aproximei-me dela quando uma quarta chamada foi feita. Não dissemos nada.

Foi então que ao fundo do corredor se viu o miúdo. Vinha cambaleando, enjoado e mal encarado. Corremos para ele quase incrédulos mas com uma felicidade infinita. Ouvi palmas. O miúdo sentira-se mal, muito enjoado depois do sorvete, e foi sentar-se entre dois rolos de corda, bem escondido, na proa do barco.

Por todos os lados ouvia "Congratulations, I am happy..." mas eu não sabia a quem agradecer.

Fiquei a saber, sim, da dor, da dor total que é perder um filho.

PRETO E VERMELHO

Foi na tropa que conheci o Carlos. Era um Aspirante Miliciano com cara de menino e era também o indivíduo com maior habilidade natural para o desenho que alguma vez conheci. Era quase absurdo como nasciam as formas, quando, com um lápis qualquer, desenhava o que lhe vinha à cabeça. Ficavam as caras das pessoas, as suas expressões, os objetos, tudo dentro de uma perspetiva real, surpreendente, quase mágica. Só desenhava quando lhe apetecia e era escusado tentar que o fizesse, noutra altura. Era um antimilitarista assumido e nenhum graduado gostava dele. Nunca dizia nada que os ofendesse, mas tinha uma coleção de expressões sarcásticas e irritantes que mantinha, sem alterar, quando tentavam convencê-lo do interesse da tropa. Quando o Capitão falava e via uma dessas expressões, entrava verdadeiramente em órbita e conseguia, garantidamente, depois dalguns insultos, mudar-lhe a expressão, para outra, ainda pior. – Vai pôr no relatório que me castigou porque queria que eu lhe fizesse uma cara bonita, meu Capitão? Perguntou uma vez, depois de uma cena do género.

Tentei ajudá-lo, sem sucesso, a ultrapassar as suas insuficiências militares e ele ficou reconhecido. Tornámo-nos bons amigos.

Uma vez perguntei-lhe por que é não aproveitava melhor a sua arte. Ele respondeu que o seu problema era como é que os outros a iriam aproveitar e não ele. Preferia gastar a fortuna que herdou dos pais até ao último cêntimo e, depois, pensar em negociar as suas capacidades. Só a necessidade o poderia justificar e, mesmo assim, teria de ser nos seus próprios moldes.

Carlos tivera uma irmã que adorara e que morreu de doença grave, aos dezasseis anos. A sua morte abalou-o ao ponto de lhe alterar profundamente a personalidade, segundo vim a saber, algum tempo depois. O desaparecimento dos pais também ajudou nesta alteração.

Quando fui a casa de Carlos, no Ribatejo, numa quinta de tirar a respiração, apesar de um pouco desprezada, é que me apercebi da dimensão do choque que devia ter sido para ele, o desaparecimento da irmã.

Uma das coisas que esperava ver, naquela casa, eram os quadros que sabia que Carlos pintava e que se dizia, só muito poucos tinham visto.

Naquele estúdio que devia ter perto de trinta metros e mais parecia um templo, tive uma surpresa. Ali estavam alinhados, pelo menos vinte cavaletes, com quadros de diferentes tamanhos, tapados com panos de várias cores, todas escuras. Carlos destapou-os, um a um.

Eram quadros pintados só com duas cores: o preto e o vermelho, quase sempre vermelho-vivo, todos eles retratos de uma jovem, a falecida irmã, nos mais diversos ângulos, poses e enquadramentos. Apesar do invulgar das cores, os quadros tinham uma beleza e uma expressão dramática que me emocionou profundamente e mostravam o incrível talento do autor. Fiquei hipnotizado com aqueles quadros mas Carlos não me deu muito tempo para os ver, pois, um a um repôs os panos sobre eles.

Resisti a perguntar-lhe alguma coisa sobre as cores.

Não lhe perguntei, mas ele disse, indiretamente: - É assim que eu a vejo sempre. Ainda não pintava quando ela morreu e não fiquei com as suas cores na minha cabeça, depois do que se passou. As cores que uso é o que me sugerem as recordações da altura.

A expressão que vi na sua cara era qualquer coisa que poderia ser profundo desgosto, desânimo, ou loucura.

Pensei que a vida é muito estranha pois, muitas vezes, mistura com o génio enormes potencialidades para o anular.

Não voltei àquele lugar e perdi o rasto de Carlos.

OS INVENTORES DE BRINQUEDOS

Num dos passeios que às vezes faço, pelas ruas da cidade, menos frequentes do que deviam ser, parei junto de uma escola. Estavam no recreio. A gritaria e as correrias eram o mote. Do outro lado da grade, um garoto com orelhas de abano fez-me uma careta, empurrou o colega do lado, puxou o cabelo de uma pequena que passava e fugiu aos saltos.

Maravilhosa esta energia, pensei a sorrir. Afinal ela é o nosso armazém de futuro, a nossa reserva de esperança.

Um pouco fora da algazarra, três garotos brincavam com uma espécie de paraquedas improvisado. Uns pedaços de fios de igual comprimento com uma das pontas atadas a um pano e a outra a uma pedra. Atiravam aquilo ao ar que lá se desenrolava e descia depois com movimentos pendulares, tal e qual um paraquedas.

Corriam desalmados a apanhá-lo, depois, uns metros mais longe, disputando o próximo a atirar.

A minha imaginação de avô fez-me pensar num brinquedo baseado no jogo que acabava de presenciar.

Um arco e uma flecha. Esta, especial e sem ponta afiada, teria, próximo do extremo, uma fina caixa cilíndrica onde se encontra dobrado um pequeno paraquedas com um pequeno peso de chumbo na ponta. O arco projeta a flecha no ar e mal esta começa a descer, abre-se uma porta no cilindro e sai o paraquedas.

Antes do lançamento é colocado no solo um disco branco, num local arbitrário mas não muito distante do ponto de lançamento. A finalidade do jogo é que o lançamento seja feito de modo a o paraquedas cair sobre o disco ou, pelo menos, o mais próximo possível do seu centro.

Com vários atiradores o vencedor é quem ficar mais próximo do centro do disco.

Mas... confesso-vos que a flecha que quero disparar aqui, é outra.

Destina-se este texto a acordar nos leitores, avós e avôs, uma faculdade inconsciente, que na sua maioria desenvolveram com o tempo, naquelas horas com os netos à frente, uns dias a seguir aos outros, vezes sem conta. Despertar a vossa capacidade, nascida da prática, de inventarem brinquedos e jogos para meninos!

Vós sois os verdadeiros inventores de brinquedos, guardiões diplomados de uma arte única, esquecida, ignorada, apagada, reformada de reformados!

"Vamos lá ver quando cai tudo!", "Tira o ursinho do balde.", "Alto, olha que tens de saltar para a casa a seguir", "Faz uma fila com os bonecos", "Vamos ver quem ganha!", "Quem é que acerta mais vezes?"... mil frases de outros tantos pensamentos, milhares de combinações possíveis onde podem estar ideias para mil jogos, mil brincadeiras originais!

Quantos jogos não terás já pensado, não terás já inventado, sem nunca te aperceberes disso?

Faz renascer em ti essas agradáveis experiências e escreve, relata os jogos, brincadeiras ou brinquedos que tenhas inventado!

Esta é uma proposta das Lojas de Saber. Queremos que colabores connosco, que atives e aproveites as tuas capacidades. Queremos o teu brinquedo na nossa montra!

Podemos transformar o teu depoimento numa peça com possibilidades de divulgação e, quem sabe, se das vossas propostas não vão fazer nascer jogos que farão a felicidade de muitas crianças!

Ou, talvez da tentativa nasça a descoberta de uma capacidade em ti, secreta talvez, mas tão capaz de te dar a oportunidade de mais uma realização!

Claro que os direitos de autor e todas as defesas de propriedade serão respeitadas, mas... apressa-te, por favor! Há crianças à espera...

O ADAGIETTO

Depois de nos termos encontrado várias vezes, contactos sempre agradáveis, resolvemos convidar Ruth para jantar em nossa casa. Era inglesa, professora na Universidade de Hull e encontrava-se em Coimbra, numa curta estadia, por razões profissionais.

Devia andar perto dos cinquenta. Alta, sobre o forte, loura, e, apesar de não ser propriamente bonita, era agradável no conjunto. Sobretudo, era de uma extrema simpatia.

Viemos a saber que Ruth, para além da projeção que já tinha, no plano científico, tinha sido pianista com mérito reconhecido. Fora mesmo considerada uma intérprete de nível superior de alguns modernos. Deixara de tocar, subitamente, após o falecimento da sua mãe, há cerca de dois anos atrás.

Foi um jantar muito agradável e passámos depois à sala de estar. Como não podia deixar de ser, Ruth reparou nas minhas colunas de som, volumosas, no fundo da sala. Mostrou interesse em ouvir. Perguntei-lhe se queria que pusesse alguma coisa, em especial. Deu-me a escolher. Pensando na pessoa que era, resolvi pôr uma das melodias que mais gosto e que me parece impossível alguém não gostar: o adagietto da Sinfonia No. 5 de Gustave Mahler, um andamento só para cordas, de encanto subtil, concebido como um hino ao amor.

O que se passou a seguir foi absolutamente confrangedor. Pouco depois de se ouvirem os primeiros acordes, Ruth desatou num choro convulsivo, acompanhado com "I am sorry, I am sorry". Não sabíamos o que fazer, de todo. Parei a música, fomos buscar um copo de água, perguntámos se era preciso chamar um médico, etc. Quando a senhora acalmou, algum tempo depois, tentou explicar o que se passara. A sua mãe morrera, de morte súbita, um dia à noite, depois de terem ido a um concerto, onde a obra tocada, de maior relevo, foi exatamente a Sinfonia No. 5 de Gustave Mahler. Não resistira à comoção que estas recordações lhe trouxeram.

Estávamos a tentar ultrapassar o incidente, mudando o tema da conversa, agora sem música, quando Ruth me pediu para voltar a pôr a música que tanto a tinha comovido. Desta vez não chorou e ouviu tudo com os olhos fechados. Pareceu-me vislumbrar um vago sorriso na sua face, ao desaparecerem os últimos acordes.

Não imaginam o que estes momentos maravilhosos estão a produzir em mim, disse.

Depois de regressar a Inglaterra, Ruth retomou, imediatamente, o piano e também a alegria de viver, segundo afirmou.

Alguns anos sobre esta estranha cena musical, recebemos, por uns dias, Robert, um velho amigo, também inglês, vizinho e companheiro dos meus tempos de Manchester. Vinha passar uns dias connosco a Coimbra, como se tinha tornado hábito, aliás, desde há alguns anos. Desta vez, e tristemente, viera só, pois Alice, a esposa, falecera há algum tempo. Doença pulmonar de uma fumadora inveterada.

As sessões musicais que fazíamos, quando se encontravam connosco, eram dos acontecimentos que estes amigos mais gostavam e logo no dia da chegada, Robert quis uma sessão.

Não sei porquê resolvi começar pelo adagietto da Sinfonia No. 5 de Gustave Mahler. Vi então o meu amigo dobrar-se no sofá, pôr a cabeça entre as mãos e percebi que soluçava, em silêncio. Não me deixou parar a música e, no fim, explicou. À noite, na véspera da morte de Alice, tinham estado o ouvir a Sinfonia No. 5 de Mahler...

Não lhe contei o episódio de Ruth, mas não deixei de achar surpreendente a incrível coincidência.

Mais surpreendido fiquei, quando recebi, uns escassos meses depois, um convite para o casamento de Robert; um encantamento súbito, como escreveu...

ASAS POR UNS SEGUNDOS

Numa das estreitas ruas da Baixa de Coimbra, a padaria da família era o símbolo de um nível de vida desafogado. A loja à entrada, era uma sala de grandes dimensões. Uma porta larga, uma distância ampla entre esta e o comprido balcão, um pé direito de mais de cinco metros. Altos armários dos lados da divisão e atrás do balcão, davam à sala um aspecto severo de biblioteca.

Tudo ocorreu num dia de calor e a uma hora em que só o meu avô se encontrava no estabelecimento.

Um touro, quando era levado para a praça de touros que, na altura, existia na cidade, conseguiu fugir. O acaso fez que o touro se encaminhasse para a rua da padaria e entrasse de rompante pela porta dentro.

Os homens que perseguiam a fera, alguma distância atrás, com longas varas para a encaminhar para a direção certa, ao chegarem à padaria e espreitarem pela porta, depararam-se com uma cena inesperada.

O meu avô, sentado no topo de um dos altos armários laterais observava o bicho, lá de cima, enquanto este investia sobre o armário.

O meu pobre avô estremecia e subia um pouco no ar, a cada ataque do animal, mas o armário resistia firme.

Depois de repetidos esforços dos campinos o touro lá saiu da padaria correndo para o seu triste destino.

Vizinhos e familiares vieram rapidamente apoiar o meu avô pensando que este estaria ferido ou mesmo morto, mas encontraram-no com outro problema: não era capaz de descer do armário que devia ter perto de quatro metros de altura.

No meio das gargalhadas perguntaram-lhe como é que ele tinha subido até àquela altura. Já não se lembrava muito bem, mas, pareceu-lhe ter tido asas por uns segundos.

Tiveram de ir buscar uma escada para o meu avô descer lá das alturas.

- O bicho parecia raivoso. Nem a minha oferta de pão quente o serenou! Brincou o meu avô, um pouco confuso mas agora cá em baixo, mais aliviado e com uma forte dor nas costas.

Houve quem dissesse que aquelas dores nas costas se deviam à marrada que o meu avô apanhou e que o pôs no topo do armário.

Pus-me a pensar e cheguei à conclusão que, ontem como hoje, o que muitas vezes é preciso é uma marrada salvadora... bem forte.

COBRA

Alfredo gostava de passear através do seu passado e recordar factos, sobretudo daqueles que necessitam de esforço para virem ao de cima. Nos primeiros instantes criavam-lhe uma verdadeira sensação de descoberta.

Mas foi sem esforço que se lembrou das suas caçadas submarinas, nas águas quentes e de um particular incidente.

Foi numas férias longas e inesquecíveis na ilha da Inhaca, uns anos antes da revolução de Abril. Estava instalado, juntamente com três amigos, numa dependência da Estação de Biologia Marítima, aí existente na altura. Todos tinham vasta experiência em caça submarina menos Alfredo. Dois deles residiam em Moçambique. Um deles vivia do peixe que caçava e vendia nos grandes hotéis da cidade. Era Álvaro, o chefe do grupo. Alfredo e o outro elemento estavam em comissão, na Universidade.

Tinham levado um bote de borracha, e todo o equipamento de caça submarina. Levaram, igualmente, uma formidável quantidade de cerveja e provisões, porque na ilha pouco havia.

Não é fácil de descrever a beleza do mergulho naquele banco de coral. Tudo é fantástico, desde os próprios corais multicolores, aos peixes matizados, às raias deslizantes e aos movimentos variados de seres estranhos que, constantemente, se observam.

O banco de coral da Inhaca, na baía de Maputo é o mais meridional do mundo. Um facto estranhíssimo é que ele acaba abruptamente, como se o coral fosse sensível a décimos de grau de latitude. Há como que um enorme degrau para o mar imenso. Passar do banco de coral para o mar aberto é uma experiência estranha para um mergulhador. Quando Alfredo o fez, foi como que olhar um precipício do alto de uma montanha. Sentiu a vastidão do mar e viu, na água límpida, à distância, tubarões e outros peixes que não encontrava no coral.

No coral caçava-se quase sempre bom peixe, mas, geralmente, de dimensões pequenas ou médias. Havia, aliás, uma solução quando não se conseguia caçar nada. Eram os destemidos peixes (garoupas vermelhas e outros) que se escondem em buracos onde percebem que os predadores de grandes dimensões não cabem. Ficam lá dentro, a menos de meio metro a espreitar para fora, como que a gozar o predador. Claro que o predador homem com a sua arma de elásticos, baralhou o esquema da evolução por completo. Mas o grupo evitava o mais possível esta modalidade porque a considerava antidesportiva.

A profundidade do coral era, geralmente, entre 7 e 15 metros. Não usavam garrafas e a autonomia, próxima dos 3 minutos, dava para excelentes percursos.

Passavam o dia no mar. À noite vinham para o jantar, preparado pelo Ajani, um africano da Estação, excelente cozinheiro. Comiam sempre peixe que pescavam e mariscos que compravam a pescadores nativos. Depois do jantar juntavam-se numa sala de convívio, situada a uma vintena de metros do edifício principal. Bebiam cerveja, ouviam música e conversavam sobre múltiplos assuntos, nos quais a caça submarina predominava. Eram momentos divertidos e agradáveis que se prolongavam até tarde.

Uma noite, um dos elementos do grupo atrasou-se a chegar à reunião, depois do jantar.

Quando a porta se abriu apareceu ele, branco como a cal, a gesticular sem conseguir balbuciar uma palavra. Dizia um có... có... sem sentido.

- Desembucha, disse alguém, mas ele continuava: có...có....

– Poça, fala lá! Disse outro.

Até que ele lá disse: - Cóoobra!

Só depois de sentado é que ele explicou. Quando se dirigia para a sala de convívio, no caminho de cimento, estava uma cobra amarela, com uns dois metros, de cabeça erguida, língua a entrar e a sair. Ele parou hipnotizado, cabeça vazia e só esperou... mas, a cobra, segundo ele, devia estar com pressa, pois foi-se embora, simplesmente.

- És um herói. Disse alguém.

COERÊNCIA

Nos meus dezassete anos, Pedro era o meu amigo inseparável. Era um jovem com ideais encimados pelo pensamento constante de vir a ser médico.

As divergências com o pai agravaram-se quando Pedro descobriu que, na aldeia ribatejana onde a família tinha a casa solarenga e uma vasta propriedade, se dizia, à socapa, que determinado jovem era seu meio-irmão. Só soubera disso uns meses antes. Foi procurá-lo sem conhecimento do pai. O rapaz confirmou tudo e contou a vida estragada e triste da sua mãe. Não é que lhes faltasse dinheiro para comer, mas era aquele estigma, estivessem eles onde estivessem, ali na aldeia. A princípio, para ele, eram piores os colegas, com os seus chistes, agora eram os crescidos. Estes, na sua silenciosa e permanente constatação de uma diferença, como se o passado da sua mãe os compensasse das próprias luxúrias e vilanias.

Pedro enfrentou o pai, de imediato. Disse-lhe que exigia que seu irmão fosse tratado como ele. Que se não o fizesse divulgaria todo o assunto. Aliás, não sabia se a sua mãe tinha, ou não, conhecimento dos factos. O Pai exaltou-se terrivelmente. - Só os maricas é que não têm coisas destas na juventude! Não falta nada ao rapaz nem à mãe, que é que eles querem mais?

Pedro insistiu que seu irmão e ele teriam de ter o mesmo estatuto. Ele tem tanto sangue seu como eu, disse ao seu Pai. A escolha que lhe dou é ter dois filhos ou nenhum!

O Pai tentou e ainda agrediu Pedro, com alguma violência. Este escapou-se e, a seguir, abandonou a casa. Tinha dezassete anos, não falou com ninguém. Simplesmente desapareceu.

Deixou, por completo, de comunicar comigo.

Largos anos mais tarde, soube dele. Vivia em Lisboa, trabalhava e estudava. Era estagiário no Hospital de Santa Maria.

Foi aí que procurei o meu velho companheiro. Já não era o mesmo. Libertara-se de um inimigo, mas ganhara muitos mais.

- Nunca irei para a Guerra no Ultramar, disse-me, mas é para África que irei como médico. Odeio estes trastes... E tu meu burguesinho, o que fazes para acelerar a revolução?

Foi a última vez que estive com Pedro.

Anos depois, ainda em plena guerra colonial, ele foi, por acaso, encontrado por um oficial meu amigo. Estava a viver numa aldeia, algures no interior de Angola. Era o médico daquela zona, não tinha qualquer estatuto oficial, não queria saber de vencimentos, tinha o seu espaço, vivia do que lhe davam. Só tinha livros, alguns amigos africanos e uma cubata que parecia bem construída.

Trocaram algumas palavras. Perante a admiração do oficial pela situação de Pedro, este disse-lhe: As carências são enormes mas o verdadeiro missionário não precisa de Missão. Falaram de mim, quando descobriram que eram ambos de Coimbra. Mandou um recado: Diga-lhe que nunca tive tanto tempo para ler, como agora.

Veio a independência e depois a guerra civil. Nunca mais se soube dele.

Penso que na minha vida encontrei pessoas com coerência em relação a princípios mas, de todas, Pedro foi o expoente máximo. Esteve toda a sua vida a lutar por ideais e, por eles, abdicou de quase tudo. Nunca quis nada para si.

A única recompensa que teve ficou dentre dele próprio, aquela sensação de se ter identificado toda a vida, matematicamente, com os seus valores.

Não sei se mais alguém, alguma vez, falará de Pedro, mas penso que é muito pouco ter de se esperar por um supremo juízo final, para que seja feita justiça a uma pessoa como ele.

Penso também na insignificância do nosso esforço de cidadãos solidários das Lojas de Saber, quando comparado com o que descrevi... e dá-me uma vontade danada de fazer muito mais...

DINA E A MACACA

Quando estudante no Rio de Janeiro, morava perto do Jardim Zoológico. Ia là com frequência, aproveitando a sombra e quietude de um magnífico recanto que lá descobri.

Um dos limites do recanto era a parte de trás de uma das áreas de chimpanzés do Jardim. Era uma espécie de gaiola com cerca de doze metros de altura. Um corrimão metálico, no passeio adjacente, estabelecia um limite de aproximação.

Em muitas das vezes que fui ao local, aparecia uma rapariguita dos seus onze ou doze anos, magricela, calções abaixo dos joelhos e ar vivo, que se dirigia para a área dos chimpanzés. Quando se aproximava, já a esperava uma jovem macaca que, vim a saber, se chamava Kin.

O que se passava a seguir era difícil de imaginar. A Kin subia para uma pequena construção de telhado plano, existente na área gradeada e ficava como que em sentido, a aguardar ordens. Então a rapariga começava, primeiro com uma espécie de saudação de pajem: uma perna para a frente, um braço dobrado sobre a cintura e curvatura do tronco. A macaca reproduzia os gestos como precisão e graça inesperadas. Seguiam-se outras manobras executadas pela moça, desde a continência militar a um ballet improvisado. Tudo era imitado na perfeição. Acabada a sessão, a rapariga batia palmas de aplauso que Kin acompanhava, frenética. Depois, passava a vedação e ia fazer festas à macaca, braços dentro da jaula, abraços e beijos de despedida, tudo contra os múltiplos avisos existentes. Outros chimpanzés, por perto, olhavam a cena atentos.

Tentei avisar a menina sobre os riscos que corria, mas foi como se nem tivesse falado.

Estes encontros repetiram-se com pequenas variações, até que, a certa altura, a rapariga deixou de aparecer.

A partir daí Kin ficou desesperada. Aparecia e desaparecia do local dos encontros, subia e descia as grades, parecia chorar e emitia sons que sugeriam enorme sofrimento. Como este cenário se repetia, pensei em falar com o tratador de Kin, quando me veio à cabeça que, de algum modo, os gestos da rapariga sugeriam o circo.

Descobri que um conhecido circo, depois de uma prolongada atuação no Rio, tinha ido para S. Paulo na altura em que a jovem deixara de aparecer. Podia ser uma pista.

Tinha de ir a S. Paulo dentro de dias. Com um pouco de sorte, talvez arranjasse uma forma de acabar com a agonia de Kin.

O circo que encontrei era enorme e tinha animais, incluindo macacos. Próximo das jaulas estava uma jovem dos seus vinte e poucos, com uma bata que indicava ser funcionária do circo. Meti conversa com ela. Mostrou-se simpática e quando ouviu a descrição da rapariga disse que podia ser a pequena Dina. Contou-me que esta era surda e que os pais eram domadores. Disse também que ela não era assim de nascença. Só tinha ficado surda há menos de dois anos, quando teve uma grave doença. Os médicos apontaram para um possível contágio de um vírus transmitido pela macaca, amiga inseparável de Dina.

Depois deste desgosto, os Pais da Dina decidiram oferecer a macaca.

Contei-lhe as cenas que presenciara com Kin e Dina e o que se estava a passar com Kin, no presente.

A jovem confirmou o nome da macaca e disse que estava certa que os pais de Dina nada sabiam sobre aqueles encontros. Se descobrissem que a filha andava quilómetros sozinha, em pleno Rio de Janeiro, para ir visitar a Kin, deviam ficar estarrecidos. Só por milagre é que nada aconteceu!

Antes de me despedir disse à moça que talvez fosse sensato comunicar alguma coisa aos pais da rapariga. Devíamos prevenir qualquer acidente, numa futura escapadela e, quem sabe, talvez a solução do assunto estivesse mesmo nos pais da pequena.

Depressa deixei de pensar no assunto, mas, apesar disso, não deixo de sentir que há uma lição muito grande nestas mais do que humanas saudades da chimpanzé e nos enormes perigos que corria uma menina surda, de doze anos, só para ver a sua amiga.

OS MEUS DEMÓNIOS

Faltava-me escrever uma crónica sobre os meus demónios.

Há sempre pequenos demónios a entrar na minha cabeça. Sempre houve.

Quando eu era miúdo, uma prima minha garantiu à minha mãe que eu tinha o diabo no corpo.

Não tinha um, tinha muitos. Só se enganou no número.

Diabinhos que empurram, que esfregam e que arranham tudo o que encontram, por baixo do grande osso esférico, cá em cima. Parecem brincadeiras infantis, frenéticas e desencontradas.

Às vezes até me acordam, outras fazem-me aparecer comichões em locais peculiares, em situações escolhidas, por exemplo, nas entrevistas com altas individualidades.

Muitos dos meus diabinhos são conselheiros profissionais, malvados que se fartam. Conheço-os a todos, não pelos nomes, mas pelas cores.

Costumavam aparecer, alguns, com as cores nacionais. Não os vejo há muito tempo, mas percebe-se que estejam por outras bandas, empenhados em criar a situação dos diabos em que nos encontramos.

Às vezes entram em grupo e instalam-se nas oficinas de ideias da minha cabeça, ou vão empurrar nos locais de decisão. Usam a confusão como estratégia e suspeito que tenham equipas a atuar em diversos setores importantes da administração.

Penso que já me têm alguma amizade e, justiça lhes seja feita, esforçam-se sempre por me dar os conselhos mais demoníacos possíveis.

São sempre conselhos pouco aconselháveis. Uns loucos, outros provocatórios, outros ainda com riscos apreciáveis. Violentos, só em casos especiais.

Quando não lhes ligo nenhuma, fazem-me dores de cabeça, para chamar a atenção.

Há alturas em que não são nada discretos e provocam-me reações difíceis de disfarçar. Aquilo que eu sinto quando ouço certos discursos e comentários, são eles a arranhar, de certeza. Fazem-me tossir, provocam falta de ar e urgência prematura de ações fisiológicas correntes.

Por vezes são terrivelmente banais, fazem-me beber mais vinho durante uma festa, não dizer nada quando me dão troco a mais e pensar malandrices, quando aparece a vizinha do lado.

Antigamente havia muitos cor de rosa a entrar, hoje predominam os cinzentos e os sem cor, mas aqueles que mais gosto são os brancos. Devem ser mais velhos do que eu e só reagem quando qualquer coisa perturba fortemente o seu repouso. Já são quase humanos, dormem comigo e quando, daquela vez, mandei uma chapada num pai que desancava um miúdo, foi o branco nº 3 que me empurrou.

Para mim, recordar o passado é fazer reuniões com os meus pequenos demónios. São os momentos que eles mais gostam. Fazem com que recordemos sobretudo as coisas mais diabólicas.

Curiosamente, descobri que, nessas reuniões, também estão anjos, ou, pelo menos, parecem, com casacos largos, para disfarçar as asas.

São eles que me fazem recordar as coisas mais piedosas, como as palavras que disse ao Bispo, no dia da comunhão solene. Acompanham-me desde a infância, de forma discreta mas indelével, sem se misturarem com os pequenos demónios.

Para mim, que estou tão longe das disputas entre os anjos bons e os maus, do inferno e dessas coisas, o tratamento democrático destes seres é o que me parece mais natural.

Sonhei, uma vez, que havia no céu um interruptor que, se fosse adicionado, apagava o mal.

Nunca mais uma maldade iria ocorrer, fosse onde fosse.

A explicação do criador não accionar este interruptor é meramente sindical. Significaria o desemprego do próprio criador. Deixava de ter trabalho.

Num mundo com o pessoal todo a fazer o bem, o melhor possível, tudo perfeito, com as prisões transformadas em casas de repouso para ex-malfeitores, os bairros de lata agora bairros residenciais, com pequenos chalés pagos pelas grandes fortunas, com as pessoas a sorrirem ao cruzarem-se na rua e os partidos de esquerda a tecerem rasgados elogios a políticas do governo de direita, aí, o número de suicídios aumentava em flecha, como se fosse a única saída.

Muitas mortes iriam ocorrer, também, nos meus diabinhos. Não por suicídio, mas por choque, choque de tédio, fulminante.

ELETRICIDADE VEGETAL

Não fazia a mínima ideia do que me queria o Diretor da Faculdade quando me informaram que este queria falar comigo com muita urgência.

Estava, na altura, trinta e um anos atrás, a colaborar, por um período, com uma universidade jovem, onde lecionava e orientava alguma investigação.

Quando entrei no gabinete do Diretor, estava este e mais dois elementos da Direção. Foram diretos ao assunto. Não estava em causa o apreço que tinham pela minha colaboração, mas não podiam ficar indiferentes ao facto de eu estar a levar a cabo investigação que punha em risco a integridade física dos colaboradores, neste caso, mestrandos.

Tinham conhecimento de um acidente com alguma gravidade. Tinham decidido proibir a continuação do projeto.

Para perceberem por que é que perguntei se também iam proibir a substituição de lâmpadas na Faculdade, é preciso saberem a história toda, desde o princípio. Aqui vai:

Como tema de tese de mestrado, tinha pensado em levar a cabo um estudo de modo a tornar possível o aproveitamento das diferenças de potencial elétrico que, hoje se sabe, existirem entre pontos no interior das árvores, ou entre estes e a terra. Na altura era muito escassa a literatura sobre o tema. Parecia no entanto realista pensar que houvesse tais diferenças de potencial já que na árvore há movimentos de líquidos que contêm cargas elétricas, passagem através de membranas, etc. A ideia final era tentar aproveitar esta fonte de energia para alimentar pequenos circuitos de deteção de fumos com emissores de rádio, que se colocariam nas árvores, para a prevenção de incêndios.

Na prática tínhamos de implantar elétrodos nas árvores e perceber quais eram as melhores condições para obter as tensões que necessitávamos. Fazíamos pequenos orifícios a diversas alturas e com diferentes profundidades onde se adaptavam elétrodos com diversas configurações.

Foi numa destas operações que um dos mestrandos caiu do escadote abaixo. Nada de grave para além de um arranhão e do susto.

Dentre as numerosas soluções que existem para evitar que uma pessoa caia de um escadote a solução que a douta direção encontrou foi não subir.

Não houve maneira de dar volta ao problema e a minha maneira de reagir à decisão é capaz de não ter ajudado grandemente. Inclusive, comprometeu em definitivo a minha colaboração com a instituição. O projeto, esse, morreu ali.

Ontem como hoje, sempre houve pessoas com dificuldade em subir, ou deixar que outros o façam.

Claro que se formos nós a cair, e com frequência... estamos a facilitar-lhes o trabalho...

A propósito, já há resultados publicados sobre aproveitamento da eletricidade vegetal.

O CHAPÉU

As duas irmãs, ambas solteiras, viviam numa casa solarenga, um tanto ou quanto degradada, numa aldeia perdida no tempo e numa Beira Alta, com a montanha por perto. Já ultrapassavam os setenta, mas, embora com idades próximas, não podiam ser mais diferentes. Rosa, a mais velha cheia de tiques de um passado aristocrático, Maria, a mais nova, sem nada disso, sempre ativa, era capaz de, sem perder uma discreta linhagem, ser como as bravas mulheres do campo que sabem manter vivo tudo o que têm à sua volta. Com meios escassos de sobrevivência eram sobretudo os esforços de Maria que aguentavam aquilo, mais ou menos.

Um bocado isoladas, os seus contactos eram, na sua maioria, com os parentes que iam aparecendo. Laços de sangue a disfarçarem uma certa pena daquelas almas.

A prima Mila era uma parente próxima, ainda jovem, que as irmãs adoravam e que, embora vivendo longe, aparecia com regularidade. A sua compreensão e apoio cimentaram uma sólida amizade entre as três, que nunca esmoreceu.

A aproximação do casamento de Mila punha a cabeças das duas irmãs em alvoroço, ainda mais porque Mila quis que Maria fosse a madrinha.

Nas grandes arcas que raramente abriam, descobriram velhos vestidos e chapéus que, com os retoques de Maria, lhes pareceram apropriados para o acontecimento. Pesados, mas com bom corte, os vestidos nem estavam mal de todo.

Surgiu, contudo, um imprevisto. O chapéu de Maria, rígido, forrado a veludo preto e com ornamentos, tinha uma forma que permitia duas opções de uso. Uma lembrava o chapéu de Napoleão, a outra, o chapéu do General Wellington. A opção Napoleónica prolongava a cabeça de Maria, quase até ao extremo dos seus ombros, a versão de Wellington parecia estreitar -lhe a cabeça, como se fosse a quilha de um barco.

Na véspera do casamento houve uma acesa discussão entre os amigos e parentes de Maria para decidir qual deveria ser a opção a escolher. O próprio padre que iria fazer o casamento, um amigo da família, esteve presente. A intenção era a melhor, pois toda a gente gostava de Maria. A condenação dos ditadores, o patriotismo recordando as invasões e a circunstância dele só ser "bom na parte" da guerra, afastaram Napoleão da competição. Um adicional e forte argumento foi a observação de que uma subtil e bem colocada inclinação do chapéu, atenuava de modo significativo o efeito de quilha que referimos. Como seria de esperar, a decisão final foi a versão do Wellington.

O noivo e comitiva já estavam à espera há quase meia hora, na entrada da igreja, num dia cinzento, quando o cortejo da noiva chegou. O primeiro carro parou junto das escadas da igreja, que subiam a partir de um chão de lajes inclinadas, dado o declive da rua.

A primeira pessoa a sair do carro foi a madrinha que, mal pôs os pés no chão, escorregou na laje húmida e se estatelou ao comprido, pessoa para um lado, chapéu para o outro. Correram logo pessoas a ajudar Maria que, felizmente, não se magoou.

Mais pessoas saíam dos carros e foram organizando o séquito da noiva. Começaram a subir as escadas. Maria, já recomposta, próxima da noiva, exibia o seu chapéu, mas, para surpresa geral, na versão Napoleónica. Quem lho colocou, depois da queda, não devia ter estado na reunião da véspera.

O padre ao fundo da igreja, reparou no facto e disse baixinho ao sacristão, já velho e um pouco surdo: - Sr. Manuel, faça favor, vá, discretamente, dizer à Dona Maria que tem o quico na posição errada.

Nunca se chegou a saber muito bem o que o sacristão disse que levou a Dona Maria a dar-lhe com o chapéu na cara, antes de, finalmente, usar a opção Wellington.

FUGAS

Contem-me todas as histórias, todas as lendas, porque assim talvez eu consiga encontrar alguma ligação com o que se passou.

Não me surpreendo com facilidade, nem reajo nervosamente a acontecimentos dos chamados paranormais mas, desta vez, tenho que confessar que, pelo menos algum espanto, senti.

As reações das pessoas à minha volta variaram, desde os gritos de pavor, aos ameaços de desmaio e várias tiveram incapacidades transitórias de diversas ordens. Perdas de visão, fonação e movimentação.

Outras, e aqui eu fiquei deveras surpreendido, não viram nem sentiram absolutamente nada. O senhor que brincava com o cão branco, ali perto, continuou a brincar e nem levantou a cabeça. Quando lhe falei no que acontecera ele encolheu os ombros, pôs a coleira no animal, disse com licença e foi-se embora. Pareceu não querer ser contaminado pela minha loucura.

Mas não estou louco, de súbito, várias coisas pareceram ficar fora do que esperamos que aconteça e definem a física do mundo em que vivemos.

O que eu pessoalmente senti foi que a minha visão deixou de dar a informação do lugar onde me encontrava e passou a dar de outro local, que eu nem sei se existe. Era como se a realidade fosse substituída por um holograma gigante, com tons de cor incríveis e paisagens de um outro local. Ou como se, de repente, e sem ruído, uma nuvem que não era nuvem, substituísse o nosso espaço, numa rápida mudança de cenário.

Estávamos no parque municipal, era um sábado à tarde. As crianças corriam e os namorados andavam, mas não todos, porque há sempre alguns parados, em secretos envolvimentos.

A coisa durou, para mim, talvez um minuto, não mais.

Algumas pessoas falaram num silvo, que se ouvia mas eu não me lembro de ter ouvido, fosse o que fosse, para além de gritos de pessoas.

O incrível é que, depois, cada pessoa contava uma história diferente. Uma senhora falava em centenas de gatos à sua volta e um polícia preparava-se para chamar os bombeiros porque só via fogo por todos os lados.

Quando veio a polícia judiciária fazer perguntas às pessoas, os elementos obtidos, individualmente, não coincidiam em nada. Os factos observados, o tempo de duração, tudo variava de pessoa para pessoa. Como não havia feridos ou quaisquer outros incidentes os agentes, baralhados, foram-se embora em bloco. "Todos doidos" pareceu-me ouvir um agente dizer, ao entrar na viatura.

Foi nessa altura que se aproximou de mim uma estranha personagem. Um velho de longos cabelos, com um fato cor de azeitona escuro, que lhe ficava mesmo largo, camisa cor de vinho, tudo um bocado desalinhado.

Fixou-me e disse: - Já vivi vários destes fenómenos. São fugas de outras realidades.

Só estamos sincronizados para a nossa. Quando nos aparecem fugas de outros mundos, cada um sente de modo diferente, de acordo com as suas experiências e características individuais.

Felizmente só raramente as pessoas têm contacto com estes processos.

- Mas o que é isso de uma fuga de outra realidade, perguntei um tanto desabrido ao senhor do fato azeitona.

- É exatamente aquilo que o senhor sentiu, ou tem outra explicação? Respondeu o velho.

Amansei com a resposta, que achei que merecia e afastei-me, devagar.

Lembrei-me, entretanto, que há uns meses atrás fiquei com a certeza que estava noutro lugar e até me perdi, por completo, mas atribuí isso ao cansaço.

Serão picos de variações meteorológicas improváveis, produzidos por acontecimentos cósmicos há milhares de anos atrás?

Andei durante algum tempo pelo parque fora, mas, de repente, pensei que se o velho soubesse a maneira de fazer a fuga ao contrário, de modo eficaz, teria grande interesse atual.

A enorme quantidade de coisas que seria bom que fugissem deste país!

Voltei atrás para ver se o encontrava, mas só vi fatos de outras cores.

RECORDAR E RECREAR

Recordando uns bons anos atrás, lembro-me, que quando dava aulas e olhava para os meus alunos, às vezes pensava para comigo: será que estes jovens sentem por mim aquilo que eu sentia quando estava na posição deles e ouvia alguns dos Professores que mais admirei como o Prof. Mário Silva, ou o Prof. Almeida Santos, ou o Prof. Carlos Chagas, ou tantos outros?

Acho que terei sempre dúvidas a meu respeito sobre este ponto.

Recordo-me de acontecimentos que criaram os sentimentos de respeito que tenho por estas personalidades.

O meu contacto com o Prof. Mário Silva não foi como aluno, foi em circunstâncias algo especiais.

Depois da lamentável demissão política, foi o Prof. Mário Silva obrigado a aceitar o lugar de vendedor de material científico da Philips.

Nessa altura, princípios da década de sessenta, a eletrónica era uma das minhas atividades mais importantes.

Além de Investigador na Faculdade de Medicina e Assistente na Faculdade de Ciências e Tecnologia, eu trabalhava depois das cinco da tarde no Centro de Eletrónica do Laboratório de Física, onde se fazia a manutenção e se construíam equipamentos para as aulas e para a investigação do Laboratório.

Fui então procurado pelo Prof. Mário Silva.

Começava a ter problemas com o material científico que ia vendendo. Avarias, alterações, calibrações, etc., que necessitavam de ser efetuadas, algumas das quais requerendo experiência.

Ele era um eminente teórico e não tinha, obviamente, que ter experiência em eletrónica prática.

Perguntou-me então se eu o ajudava a resolver estes problemas.

Respondi-lhe afirmativamente e, na sequência da conversa, acabei por pôr a condição de não receber dinheiro algum.

Afinal tratava-se de um jeito entre "colegas". Acho que esta imagem fazia imenso bem ao meu ego!

O Prof. Mário Silva não queria aceitar, protestou, mas acabou por ceder após alguma insistência minha.

Começou então a aparecer periodicamente com aparelhos avariados para eu consertar.

Era sempre ao fim da tarde e ele ficava ali sentado enquanto eu tentava resolver o problema.

Sentia-se na obrigação de ficar e então, com aquele seu estilo inesquecível, contava-me coisas da História da Ciência, da Física, da sua estada em França...

Ajudava-me a responder às perguntas que ele próprio me fazia sobre as ações que eu executava nos equipamentos, pois acabava por ter sempre coisas teóricas a acrescentar ao que eu dizia.

Passei a desejar ter aparelhos para consertar do Prof. Mário Silva, só para o ouvir e hoje acredito que foi o trabalho mais bem pago que tive em toda a minha vida.

O Prof. Mário Silva não devia saber deste meu sentimento pois, sem dizer nada, um dia comunicou-me que me tinha arranjado um estágio pago de eletrónica nuclear no "Philips International Institute" de Eindhoven.

Fui um dos primeiros alunos portugueses deste Instituto.

Aquele ano e pouco, com meia dúzia de consertos de aparelhos, algumas horas de preciosos ensinamentos e a generosidade do saudoso Professor, acabaram por ser um marco na minha própria carreira.

Mas, para além de tudo isso, há um outro aspeto que me faz admirar ainda mais aquele professor e me faz pensar em certos iluminados dos dias de hoje que falam sobre todos os assuntos, os que sabem e os que nunca virão a saber, sem nunca se calarem, como se o "acho que..." repetitivo, que vão usando, fosse um filtro mágico para o efeito negativo que as suas ocas opiniões poderão produzir.

A atitude de uma personalidade científica de mérito confirmado que, reconhecendo a sua falta de preparação numa determinada área, solicita apoio a um jovem principiante, é exemplar e cabe à medida no espírito das Lojas de Saber... como lição magistral de humildade e de compreensão da natureza humana...

A MINHA PRIMA SOFIA

Dizia-me a minha prima Sofia com a sua voz jovem, apesar dos seus sessenta e tal e que tem o problema de nunca se calar: - Esta coisa de fazerem propaganda à roupa de vestir nas revistas, televisão, etc., com jovens modelos elegantíssimas, ou senhoras bem conservadas e distintas, desmotiva-me por completo. Claro que a estas tudo fica bem e acaba por ser propaganda enganosa. Deviam escolher o tipo médio ou mesmo pessoas desajeitadas, nestes anúncios. No último caso, as futuras clientes iriam pensar que se àqueles estafermos a peça fica bem, a elas deve ficar ótima e iam a correr comprar.

Não percebi bem qual era a preocupação da minha prima que, aliás, ainda tem uma figura bem agradável. Resolvi avançar com um argumento científico: - Se os responsáveis pelas casas de modas, etc., fazem assim, é porque têm dados estatísticos para o fazer, não te parece? - Estatística? Olha, primo, sabes qual é, estatisticamente, o lugar mais perigoso do mundo? Perguntou. O Iraque, talvez, disse eu, pouco convencido. - Não, é a cama, é onde morre mais gente. Riu-se e eu pensei que o seu bom humor era o segredo da sua aparente juventude, mas já outro tema estava a sair: - Sabias que a percentagem das cirurgias plásticas à face, em que as pessoas ficam deformadas, é alarmante ? - Porquê, estás a pensar fazer uma plástica? Perguntei. Não, é só um pensamento. Repara, se no caso da face em que o cirurgião sabe de antemão que tem de fazer trabalho perfeito, pois se não o fizer toda a gente vê, a percentagem das prestações medíocres é grande, como será nas outras operações, em que o cirurgião não tem aquela motivação pois não se vê o trabalho feito no fim? Devia haver uma ASAE para a cirurgia! - Estás a brincar, disse eu, então não se vê logo se uma cirurgia corre bem ou não, pelo comportamento do doente? Ela avançou: - Claro que vê, mas se alguma coisa corre mal, as culpas raramente vão para o cirurgião. Tão impunes como eles, só os políticos!

Pensei um pouco e retorqui: - Acho que estás a ignorar que os riscos variam com o tipo de intervenção. A probabilidade da pessoa ficar com aparência diferente do que era, depois da operação, é grande. – Vocês, homens, desculpam-se uns aos outros! Claro que ficar diferente é o que elas querem, senão não interessava fazerem a intervenção, o problema é ficarem diferentes para pior!

Já descobri que, com a minha prima Sofia, só me traz vantagens tomar a atitude desportiva de que não interessa ganhar ou perder, por isso calei-me. Só mais tarde é que me lembrei da operação, mal sucedida, que ela fizera à incontinência!

Mas, outra questão já estava no ar: - Estou admirada de não ter havido uma manifestação por não haver noivos do mesmo sexo nos casamentos de Santo António. Não estranhava que houvesse pessoas a exigirem paridade!

Respondi com um "pois", mas deu-me uma enorme vontade de rir só de pensar na cara do pobre Santo, ... do outro lado e, aproveitei, ... fui fugindo, também para outro lado, antes que viesse mais "material"!

PRIMA SOFIA II

Ainda bem que te encontro, primo, disse Sofia mal me viu. Como vais, beleza, respondi-lhe. Ela estava com um vistoso impermeável preto brilhante, que mascarava os seus sessenta e tal. O tempo ameaçava chuva.

Ando há séculos com uma questão para te colocar, avançou Sofia, de imediato. Lembro-me que me disseste uma vez que se verificava que as decisões biológicas que foram tomadas pelas espécies ao longo da sua evolução tinham a ver... espero não me ter esquecido,... com minimização de energia despendida pelo ser em evolução, sobrevivência e continuação da espécie. Correto, embora a ordem possa estar um pouco subvertida, disse eu. Não interessa, disseste também, no mesmo tema, que a luz visível era a mais abundante no espetro solar e que isso devia ser uma razão para a vermos. Referiste também que o intervalo dos sons audíveis tinha a ver com os comprimentos de onda que permitissem a difração para contornar objetos com as dimensões usuais no nosso mundo. Isso iria permitir a audição de fontes sonoras ocultas por obstáculos, propriedade importante para a sobrevivência do homem primitivo. Tudo certo, intervim. Espera, disse ela, irrequieta como sempre, disseste ainda que respirávamos o oxigénio só por causa da energia que podíamos retirar dele, certo, e que respirar o oxigénio do ar e não da água era um passo importante no aproveitamento da energia porque a concentração do oxigénio no ar é muito maior do que na água, certo? Bom, então a minha pergunta é por que é que não aproveitamos antes o azoto que é muito mais abundante no ar que o oxigénio?

Estávamos na baixa de Coimbra, às três da tarde, com transeuntes por todos os lados e alguns já a mostrarem interesse pelo tema da nossa conversa.

A pergunta, apesar de um tanto ingénua, não era estúpida de todo pois há bactérias que fixam azoto para a respiração. Fui-lhe dizendo que o principal problema começava com a própria molécula de azoto devido à enorme energia necessária para quebrar a ligação entre os seus átomos. O azoto é um gás inerte enquanto o oxigénio é altamente reativo. O rendimento na recolha de energia usando o oxigénio é enormemente superior. Ia a dizer-lhe mais qualquer coisa, mas já ela estava, de novo, no ar: Já vi que a razão de ser o oxigénio é o rendimento na obtenção de energia, primo, mas olha, há outra coisa que me intriga. Descobri há dias que o número de células sensíveis que temos nos cinco sentidos e que são na visão perto de 140 milhões, no epitélio olfativo cerca de 20 milhões, no gosto à volta de 150 mil, no tato uns tantos milhões e, na audição,…16 mil! Faz da audição um pobre contemplado.

Sabes esses números de cor? Perguntei. Li ontem, disse. Está fresco, mas a minha questão é por que é que o ouvido, o órgão responsável pela comunicação inteligente, pelo menos até há uns anos atrás era, é o parente pobre no que respeita ao número de sensores?

Percebi que a minha prima estava numa fase científica e que a conversa estava mesmo para continuar, mas gostei da pergunta. Sabes, disse-lhe, esta pergunta tem mesmo a ver com a sobrevivência do homem primitivo. O estímulo auditivo leva 8 a 10 ms para atingir o cérebro, menos de metade do que para o estímulo visual (20 a 40 ms) e os tempos de reação simples para a informação auditiva são de 140 - 160ms e, para a informação visual, de 180 - 200ms. A velocidade do som no ar é 340 m/s e para a luz cerca de um milhão de vezes superior.

O homem primitivo recebia a informação de perigo de um predador oculto a 100 m, que emita um som, em 300 mais 10 ms ou seja 0,3 s.

Para a visão e para a mesma distância o tempo do percurso é praticamente zero e a informação é sentida entre 20 a 40 ms!

Com a pequena velocidade do som no ar e com a complexidade do processamento neuronal do sistema auditivo, se houvesse muitos sensores na audição o tempo de resposta iria aumentar comprometendo a sobrevivência. A solução para se terem tempos rápidos de resposta na audição, capazes de permitir uma reação eficaz, é ter um número reduzido de células sensoriais...

Interessante, disse Sofia e já ia a continuar, com uma nova questão... quando começou a chover. Eu não tinha chapéu de chuva.. nem impermeável. Estava desculpado. Desatei a fugir.

O DESAFIO DOS VELHOS

O número de pessoas com idade superior a 65 anos, a viver em Portugal, anda hoje perto dos dois milhões. Muito superior ao número dos inscritos em qualquer partido, ou instituição laica de adesão não obrigatória, no nosso país.

Este número é visto como alarmante e o valor do correspondente índice de sustentabilidade potencial considerado calamitoso, mesmo por aqueles que não sabem o que é.

Os decisores preferem ver o problema como uma ameaça estatística, crescente e sem remédio. As suas ações, no campo, enquadram-se em linhas como campanhas de aumento da natalidade, diminuição dos meios de apoio a idosos e cortes nas reformas dos pensionistas.

As pessoas idosas estão sujeitas a regras que se aproximam, em alguns casos, de verdadeiros absurdos sem qualquer base ética, ou princípio universal.

Por exemplo, a reforma, como existe entre nós, torna aplicáveis ao idoso regras semelhantes às que são aplicadas ao trabalho infantil, como se os problemas fossem comparáveis. A informação e experiência, mais do que valiosas dos idosos são, por completo, ignoradas.

Como se a maneira óbvia de atenuar os efeitos do aumento do número de idosos não fosse aproveitar de forma inteligente os seus préstimos!

Mas voltemos aos tais dois milhões de velhos. Sem dúvida que, organizados, os velhos poderiam ser uma força que alteraria as regras que os torna párias numa sociedade que só lucraria com a sua intervenção.

A democracia rege-se pela força do número de vontades e a vontade dos velhos poderia ser hoje dominante, pelo menos para a imposição das regras que os envolvem, tornando-as justas e de um modo que beneficiaria toda a sociedade.

Contudo, o que acontece, é que:

Muitos velhos vivem em prisão domiciliária, sem culpa formada.

Muitos velhos são sujeitos a violências inqualificáveis

Muitos velhos são enviados para campos de "repousos forçados" apesar de aptos para o exercício.

Os direitos e as justas preocupações dos jovens, dos trabalhadores, dos homossexuais, dos hemofílicos, dos bombeiros, das mães solteiras e dos muitos outros, parecem acabar, subitamente, quando estes se tornam velhos. De facto:

Os velhos nunca mostraram de forma concludente a sua força numérica para defenderem aumentos de pensões ou indignação pelos cortes nas mesmas.

Os velhos não gostam, não querem, não sabem, ou não lhes deixam fazer manifestações e mais ainda, os velhos não sabem a que é que hão-de faltar, para fazerem uma greve.

Os velhos são vítimas das próprias ideias sobre velhice que aprenderam através da vida. Estão a representar o papel que eles próprios davam aos velhos, antes de eles mesmos o serem.

Os velhos sentem que o paraíso de não fazerem nada depois da reforma, que parece ser o ideal de alguns, é o inferno para a maioria. No entanto, conformam-se com o culto desta ideia sem nada fazerem, preferindo ser olhados como seres temporários e incómodos.

Com as suas aptidões condicionadas por diversos fatores, incluindo convenções e mitos, os idosos constituem um grupo sem consciência do papel que o seu coletivo poderá ter numa sociedade.

É altura dos velhos saírem das falsas campas onde os meteram e obrigarem a sociedade a estabelecer normas que os libertem do estigma de estorvo crescente.

As regras têm de ser alteradas de modo a que os idosos deixem de ser um grupo impossibilitado de fazer e depois acusado de inútil!

Deviam ser os próprios idosos a estudar o modo de utilizar reformados voluntários em tarefas com interesse, em instituições públicas, ou não e em setores variados. Uma filosofia que deveria ser aplicada inclusivé nos próprios lares de idosos.

Haverá sempre uma fração de idosos incapacitados e necessitados de cuidados especiais. Faz parte do ciclo de vida e que tem paralelo com os longos primeiros anos depois do nascimento. Se os últimos são um estágio aceite, alegre e universalmente, os primeiros estão no lado oposto.

Porém, há uma diferença: é que são numerosos os casos de idosos a tratarem de outros idosos em más condições e o aumento desta vertente poderia ser até uma das grandes ocupações dos idosos capacitados.

Há um grande caminho a percorrer.

Não sabemos quantos velhos virão connosco, agora, mas se abrirmos uma porta, eles vão entrar, por certo.

RECORDANDO UM AMIGO

Não é certamente vulgar que alguém com uma vida profissional intensa em Lisboa percorra trezentos quilómetros, todos os quinze dias, para passar o fim-de-semana sósinho, numa pequena casa de uma aldeia distante da Serra da Estrela. Isto aconteceu durante não sei se trinta, se quarenta anos mas, fosse como fosse, era um dos grandes prazeres da vida do Arquitecto António Mendes, familiar e amigo.

Nesses dias, na serra, abandonava-se à reconstrução da velha casa, dava longos passeios através de montes e vales, participava e apoiava interesses locais e, certamente, refazia as energias para próximas jornadas.

Enormes as raízes que havia na sua alma e que, silenciosamente, o arrastavam para a terra dos seus ancestrais. Estranhas também as razões que o tornaram uma pessoa singularmente diferente, com valores simples, sábia e com uma serena paz interior.

Havia sempre um certo mistério à sua volta, uma barreira que a amizade de décadas não transpunha, qualquer coisa que tornava natural uma despedida súbita ou a oferta de uma prenda, sem motivo aparente.

Compreendia a essência das coisas e do que estava por trás delas. Apercebia-se da estética, da história e da utilidade de objectos que passariam despercebidos à maioria dos mortais.

Os objectos que foi comprando e armazenando ao longo de anos, muitos deles adquiridos em lojas de ferro velho, ou em casas demolidas, parecia ganharem alma transformando-se em peças valiosas.

Tudo o que os familiares necessitavam de arquitectura ele fazia. Fazia com empenho e à sua maneira. O modo como vivia a profissão sempre me surpreendeu. Era uma mistura sistémica de conhecimento, experiência e instinto. Considerava sempre as práticas do passado, a evolução das coisas e uma perspectiva pragmática para atingir as soluções que pretendia. Valorizava estes pontos sempre acima do custo final, às vezes de forma ingénua e persistente. Mas, no final, ficava sempre aquela sensação de que fazia a arquitectura com um prazer enorme e de que, para ele, a profissão não era um compartimento separado na sua cabeça. Estava lá com a mesma naturalidade que as ligações familiares ou o prazer da comida.

Não havia no seu trabalho qualquer estratégia motivada por ganância ou por qualquer forma de exploração. O dinheiro não significava muito para ele. Tinha, porém, um modo bem beirão de economizar e uma enorme aversão de gastar dinheiro mal gasto, como se diz por aqui.

Adquiriu com esta filosofia e as qualidades que referi um prestígio profissional e uma reputação de equilíbrio reconhecido por todos os colaboradores e pessoas ligados à sua profissão.

O nosso relacionamento sempre foi excelente embora se tivesse tornado relativamente pouco frequente nos últimos anos. Nunca tive dúvidas das suas grandes qualidades mas surpreendi-me, ao escrever estas linhas, de quantas coisas eu admirava na sua pessoa, sem me aperceber disso.

Lembro-me sim, de identificar no nosso diálogo, com frequência, uma revolta declarada contra algumas mudanças que ele achava afastarem o homem da sua essência e de valores que deveriam ser mantidos. Eram opiniões, às vezes radicais, que quase sempre manifestava de forma curta e irónica.

Não consigo pensar uma lógica que enquadre a sua morte. Todas as formas de encarar o aparecimento da sua doença e morte, são injustas para mim.

Fico a pensar que, com o seu desaparecimento, se perde uma enorme quantidade de saberes e sentimentos únicos, de formas boas de se ser humano, de filantropia e de simplicidade.

É interessante aperceber-me de que uma parte da sua grandeza é a quase completa ausência de protagonismo que caracterizou a sua vida. É por isso também que eu achei importante escrever isto.

Ele deixou de passear pelas veredas da serra, deixou de nos dar a lição de respeito pelo passado que sempre nos deu, deixou de falar com as gentes da terra que tanto amou, deixou de resolver os problemas de tanta gente que o procurava, deixou de ensinar o operário a colocar a viga no sítio certo, deixou de fazer o cálculo da varanda para a irmã e deixou de fazer tudo isto da mesma forma discreta que o fazia.

Eu não quero ser discreto a dizer que sinto a sua falta como amigo, como pessoa e como exemplo.

PENSAMENTO SOBRE EINDHOVEN

Era um pequeno grupo de três ou quatro pessoas, duas delas com cadernos na mão, prontas a escrever, fosse o que fosse.

Em passo de passeio, iam pelas ruas e olhavam. Olhavam o estado do pavimento no passeio e na rua, a degradação nas casas, os grafitos nos monumentos, as árvores que se projetavam na via pública, o poste de iluminação sem a tampa, o lixo acumulado na saída da casa abandonada, a marcação na passadeira que mal se vê, o sinal de trânsito derrubado ou torto, enfim todos aqueles desvios ao que dá a sensação, a quem anda numa cidade, que se está num país civilizado.

Tentei saber como funcionavam estes grupos. Eram cidadãos voluntários em contacto com a câmara. Não me souberam dizer se a iniciativa partira da câmara ou dos cidadãos, mas o resultado estava à vista: a cidade, Eindhoven, era um brinco.

Passear nas ruas, em particular nos bairros residenciais, era um prazer. As pessoas sentiam que era uma obrigação sua, cuidar daquilo que era seu e se integrava na paisagem que todos viam. Os jardins estavam arranjados e tudo o que se via da rua, primorosamente cuidado.

As salas de estar, com janelas francesas, visíveis da rua, tinham sempre as cortinas abertas ao fim da tarde e pareciam montras, alegrando o conjunto.

Era interessante pensar que, nos passeios que se faziam, quando o tempo permitia, uma diversão corrente era comparar essas salas.

Os cidadãos também sentiam obrigação em colaborar com os serviços públicos, incluindo o protestar, se fosse o caso, mas nunca no modelo em que só o protesto é que interessa.

Acho estranho que nós, muito mais afetivos que os holandeses, não cultivemos estes tipos de afeto para com o lugar onde vivemos e onde estão muitos dos que amamos.

Fiquei com a sensação que os portugueses quando se resolverem a avançar com atitudes do género farão ainda melhor. Já o fazem nalguns lugares, mas só queríamos que Coimbra fosse um deles.

O ABRAÇO

Quem tens ao teu lado? Seja quem for! Vira-te e abraça a pessoa com toda a força da tua saúde. Não precisas explicar nada, ela vai perceber! Estás a comemorar o máximo privilégio que alguém pode ter! Estás a dizer-lhe que ambos estão vivos! Vivos e com qualidade no viver, na força de um grande abraço! Estás a dizer-lhe que isso vale mais do que o dinheiro, a fama, a convicção política ou religiosa, ou qualquer outra coisa que possas imaginar. Estás a dizer-lhe que tens dentro de ti um mistério chamado vida, que ainda ninguém explicou, com propriedades estranhas que incluem a capacidade de pôr em causa a sua própria essência, de fazer nascer deuses, de se propagar e de amar. Estás a dizer que só podes valorizar a vida se estiveres vivo e que pode ser fatal um mau juízo que faças, sobre o seu valor. Estás a dizer-lhe que, sem o saberes, entraste numa cadeia de continuação de uma espécie, da mesma maneira que uma árvore ou um esquilo e que nem a inteligência que desenvolveste te afastará dessa cadeia.

Mas estás a dizer-lhe mais, porque estar vivo é também viver o que temos à nossa volta, é sentir a magia de uma natureza que é tão misteriosa como tu, num mundo que sabes, afinal, ser uma mera construção do teu cérebro. Uma construção fantástica com todas as dimensões que fomos capazes de pensar, com toda a ciência que fomos capazes de armazenar, com todos os sentimentos que somos capazes de ter, com todas as religiões que quisemos adotar. Estás a dizer-lhe que a nossa admiração pelo mundo não é mais do que admiração pelo trabalho da multidão dos neurónios do nosso cérebro! Um mundo que é, afinal, a forma indireta que aperfeiçoámos desde há muitos milhões de anos, de interpretar o exterior e cujo resultado sofisticámos ao ponto de pensarmos que sentimos a realidade. A ingenuidade de sentirmos o mundo como uma entidade objetiva é um feliz substrato da evolução! As cores das mais belas flores são reações químicas, na retina, produzidas por luz vinda do sol, refletida nas suas pétalas, a mais bela música são variações de pressão no ar produzidas por instrumentos vibradores, o perfume mais fragrante são moléculas com propriedades químicas peculiares, dispersas nas moléculas do ar. O nosso mundo é o grande carnaval com que mascarámos a realidade, através dos nossos próprios sentidos. Mas como é esse mundo para lá dos nossos sentidos, o mundo sem nada que dê significado à luz refletida nos objetos, às variações de pressão no ar, às moléculas de perfume, aos sabores e a tudo o resto que captamos do exterior? Ficam só as propriedades físicas duras e abstratas. Um objeto é massa, um aglomerado de átomos com as suas interações e movimentos característicos, os sons são ondas mecânicas variáveis. Os nossos sentidos transformam conjuntos de átomos na beleza dos jardins, na pele aveludada das virgens, variações de pressão em sinfonias de Beethoven. Sem sensações fecham-se as janelas para o exterior, eliminam-se o advir do que é novo e os motivos para quase tudo. É como um coma profundo num quarto totalmente escuro e silencioso.

Mas estamos acordados, no verde à nossa volta e faz-me bem, abraçar assim.

O MONTE

Era uma rua de calçada portuguesa, com casas de meados do século XIX, as molduras das janelas de pedra trabalhada, varandas de ferro forjado com complicados arabescos e painéis de azulejos com motivos florais, como ainda havia tantos, há umas décadas atrás.

Um dos extremos da rua ia dar ao monte. O monte era um monte, mesmo, onde só havia uma casa. Era a casa do ministro, quase sempre fechada, porque o ministro estava em Lisboa. Uma casa robusta, estilo português de luxo, com um jardim à volta e cercada por um muro com grades trabalhadas. Era um local bonito mas isolado, onde raramente passava alguém.

A garotada ia brincar para o monte. Íamos todos, os lá da rua, mas não éramos muitos, uns seis, só rapazes com idades entre os treze e os quinze.

Naquele dia jogávamos à bola ao lado da casa que parecia não ter ninguém.

Um alívio mal calculado e lá se vai a bola para o jardim do ministro. A casa parecia estar sem ninguém e não havia que escolher, teria de ser o Manel, o descuidado defesa, a saltar o muro e apanhar a bola. Esta via-se bem de fora, no cimento, em frente de uma das entradas de serviço. De nada valeu a sugestão do Manel de se sortear, democraticamente, o elemento saltador. Foi recusada democraticamente.

O Manel lá foi, contrariado. Não foi difícil, pois havia uma trepadeira que facilitava a subida. Ao descer, já no interior, porém, fugiu-lhe um pé, e, por um triz, não se estatelou no chão. Irritado, correu para a bola e chutou-a com violência contra a porta de serviço como se fosse um remate à baliza, num momento decisivo.

O que aconteceu foi mais do que um golo,... a porta abriu-se.

O Manel horrorizado, gritou uma inconveniência, correu para trás e subiu até metade da grade. Parou aí e ficou a olhar.

Nós também e, depois de uma longa espectativa, decidimos saltar a grade e ir espreitar.

Via-se uma luz acesa no interior da casa. Chamámos com repetidos "Faz favor". Batemos à porta. Gritámos. Nada.

Decidimos avançar, lentamente.

Concluímos que tinham deixado a porta de serviço só encostada e uma luz acesa... a luz da despensa.

Uma enorme despensa com tudo o que se possa imaginar, e em quantidade. Uma autêntica mercearia com chocolates, refrigerantes, bolachas, frutos secos, queijo, presunto, champanhe, etc, etc. Despensa de ministro.

Era uma dádiva celestial para aquele princípio de férias!

A nossa primeira reação foi sair dali, fechar bem a porta e esquecer, mas o Xico disse: - Podíamos fazer isso, mas só depois de comermos umas coisas e... depois de limparmos os vestígios, maçanetas das portas, etc, como nos filmes.

Perante aquelas guloseimas, acabámos por aceitar a sugestão, mas impusemos a condição de não trazer nada para fora da casa e de só entrarmos na despensa.

Durante uns dias lanchámos principescamente. Cumprimos o estabelecido, em particular, apagávamos todos os vestígios ao pormenor e não esgotámos, por completo, nenhum dos artigos da despensa. Deixávamos a porta de serviço mal fechada, como a encontrámos de início.

As orgias terminaram uma manhã, quando o Xico veio, alarmado, avisar os outros elementos do grupo, da presença de polícias à volta da casa do ministro.

Lembro-me do pânico que se gerou e da decisão de irmos até lá observar, com o argumento de que quem tem culpas no cartório é que se esconde.

Os polícias não nos ligaram nenhuma. Depois de umas horas fecharam tudo e desandaram. Não houve qualquer continuidade.

Deviam ter ido fazer uma ronda de rotina à casa, descobriram a porta por fechar e depois de examinarem tudo concluíram que não faltava nada e encerraram o caso.

Acabo por tirar duas ilações desta crónica: a primeira é do interesse de um bom programa de gestão de stocks e a segunda é de que as deficiências da tutela em gerir o que é nosso, para além de ser facto muito antigo, pode ter raízes domésticas.

A NECESSIDADE É MESTRA DA VIDA

No ano letivo de 1974-75, após a revolução de 25 de Abril, não entraram alunos nas Universidades Portuguesas.

No ano letivo de 1975-76 havia mais de oitocentos alunos candidatos ao primeiro ano do Curso da Faculdade de Medicina de Coimbra.

Este número estava muito acima das capacidades da Faculdade, pelo menos para funcionamento nos moldes tradicionais.

A solução para se administrar um ensino aceitável, com tantos alunos, parecia ser a instalação de um sistema de televisão, em circuito fechado, com um conjunto de anfiteatros em cadeia. Os orçamentos para efetivação de tal sistema por firmas comerciais, corresponderam a propostas com custos impensáveis para a Faculdade de Medicina.

Foi então perguntado ao autor deste texto, que era então investigador no Laboratório de Radioisótopos da Faculdade, nessa altura já doutorado, se não seria capaz de montar o sistema por um custo mais aceitável. Estávamos em Junho de 1975 e tudo teria de estar pronto, no máximo, até meados de Outubro.

Apesar de ter experiência em eletrónica nuclear, não tinha qualquer experiência em televisão, quer técnica, quer operacional, mas aceitei.

Foram férias frenéticas. Estudar televisão, desenhar, mandar construir e colocar os suportes para os televisores dos anfiteatros, estender centenas de metros de cabo, desenvolver as condições para a gravação com várias câmaras, etc., etc.

Com alguma sorte conseguiu-se arranjar equipamento a preto e branco, em segunda mão, a preços excelentes, através da firma que estava a iniciar a montagem da televisão em Angola e fora forçada a regressar ao continente, após a revolução.

O Ministério da Educação cedeu, a título de empréstimo, diversos conjuntos televisor/gravador.

Com o extraordinário apoio de funcionários da Faculdade e de alguns alunos do Curso de Medicina e com um custo pouco mais de um décimo dos preços comerciais, conseguimos ter pronto a funcionar, em meados de Outubro de 1975, um estúdio e cinco anfiteatros ligados em cadeia, com dois ou três televisores, conforme a dimensão e com intercomunicação sonora.

Pôde assim começar o ano letivo sem maiores sobressaltos.

As aulas eram gravadas em vídeo e podiam ser vistas de novo em quatro salas destinadas a revisão de gravações, desde que pedidas por grupos de, pelo menos, 5 alunos. O curso, com características curriculares substancialmente diferentes do tradicional, apesar da grande qualidade, não suportou nem os ventos da história, nem a orientação política da Direção da Faculdade que o promoveu.

O sistema permitiu efetivar, de modo exemplar, o ensino durante aquilo que se chamou o Ciclo Básico das Ciências Biomédicas, mas só foi aplicado integralmente ao primeiro curso, após a revolução.

Pena foi que os tempos em que estes acontecimentos ocorreram tenham levado a um final sem grande glória para o projeto e não tenham permitido aproveitar o que de positivo se aprendeu com a experiência. Com tantas constrições e sem avaliação, qualquer iniciativa cai no esquecimento.

Mas aprendi bastante. Sobre trabalho coletivo, sobre televisão... e sobre como é curta a memória...

MAL SE VIA

Mal se via, mas ainda se conseguia ler "Ana e Artur", dentro de um retângulo, gravado a canivete na tábua do banco. Foi escrito há mais de trinta anos, pensou Artur. Lembrava-se das tardes quentes e do vestido cor de rosa de Ana. Lembrava-se da felicidade que partilhavam e dos longos olhares trocados. Tinha, depois de todos estes anos, voltado àquela terra em plena Serra da Estrela e não resistiu a ir visitar os lugares onde passara tempos tão felizes. Mas, os seus pensamentos não podiam avançar muito no tempo, porque, depois, vieram períodos de grande tristeza e infelicidade. Artur não estava particularmente bem naquele dia. Tinha dormido pessimamente, doía-lhe um dente e tinha-se esquecido de trazer o telemóvel.

Foi neste quadro que apareceu o Esteves, assim, de caras, pessoa que já não via, por certo, há décadas, desde os tempos do namoro com Ana. Não via e ainda bem, porque nunca o gramou grandemente. Achava-o chato e intrometido. O abraço que o Esteves lhe deu ainda o irritou mais. Que dia! – Como estás, pá? Como vai isso? Exclamou o Esteves efusivo como sempre. – Mais ou menos, respondeu. E tu? não contava encontrar-te, disse e foi o máximo de simpatia que conseguiu transmitir. – Tenho a minha sogra no Hospital. A pobrezinha está mesmo mal! Só este idiota é que chamaria pobrezinha à sogra, pensou e sentiu até prazer em perguntar. É então muito grave? – Gravíssimo, insuficiência cardíaca muito avançada. Candidata a transplante?

Perguntou Artur. – Eh pá, com oitenta e três ninguém faz transplantes, acho eu.

Deve depender do estado geral da pessoa, não?, disse Artur, enquanto lhe estendia a mão para se despedir. Adeus, pá, vou dizer à Ana que estive contigo, acrescentou o Esteves. A quem? perguntou Artur. - Casei-me com a tua antiga namorada há mais de vinte anos, não sabias? Artur sentiu-se como se tivesse levado um soco no estômago, mas disse com toda a naturalidade: - Não, não sabia. Dá-lhe os meus cumprimentos.

O que sentia agora Artur, fazia-o esquecer a dor de dentes. A Ana casada com o Esteves! Quantas vezes tinha pensado em voltar atrás depois da rotura. Pura estupidez, orgulho idiota, falta de domínio sobre as hormonas que o levaram até Sílvia, com anos de quezílias, após um curto tempo de paixão. Agora, liberto, procurava o passado e descobria que há erros sem remédio.

Quis pensar calmamente sobre o que se debatia na sua cabeça. Afastou-se do casario e, em breve, caminhava pela serra naquele quase silêncio dos ecos prolongados das profundezas dos vales, com o balir das ovelhas, o som dos chocalhos, ao longe, e vozes vindas sabe-se lá de onde.

No fundo ele esperava que Ana ainda estivesse solteira. Trinta anos depois!

Era isso que ele tinha sentido, mal chegara àquele lugar, como se ele fosse o centro do universo com tudo a rodar em torno de si. Que ingenuidade imperdoável!

Uma ideia ocupava-lhe agora todo o cérebro: - Tinha de ver a Ana.

Antes da conversa com o Esteves era um desejo vago, agora, era uma força avassaladora.

Voltou para a aldeia e aproximou-se da casa da Ana onde imaginou que o casal vivesse.

Era uma casa de granito, de dois pisos, bem cuidada e com um pequeno jardim na frente.

Três meninas dos três aos cinco ou seis anos e uma Senhora, que não conseguia identificar estavam agachadas em frente de um canteiro a tratar de flores.

Artur, aproximou-se mais e, então, viu a Ana. Um aspeto ainda jovem e aqueles belos cabelos entre o ruivo e o castanho. Artur não sabia se Ana o tinha visto mas rodou sobre si e afastou-se daquele lugar. Sentia que não tinha o direito de perturbar aquele quadro.

Quando passou pelo banco onde tinha conseguido ler Ana e Artur, sentou-se e começou a raspar os nomes. Ouviu alguém aproximar-se, disfarçou o que estava a fazer, nem olhou, e foi então que ouviu uma voz, que logo reconheceu: - Então nem mereço um olá?

Artur trémulo, levantou-se e ficou a olhar Ana, a sua beleza, o seu estilo. Sentia-se como se tivesse sido transferido para um mundo de fantasia. - Não quis perturbar a cena, retorquiu.

- Ando a ensinar jardinagem às minhas sobrinhas, disse Ana e, a seguir: - Manténs-te em forma.

- Soube que casaste com o Esteves, disse Artur.

- Estamos amigavelmente separados já há muito tempo. Ele já vive com outra há cinco ou seis anos. Tenho lido sobre os teus êxitos profissionais, continuou Ana.

Pareceu a Artur que o destino tinha descoberto a receita do quente e frio. Voltou a sentir a dor de dentes. - O que fazes agora, perguntou Artur.

Dou aulas no Colégio, aqui perto.

Ana sentou-se no banco e ali ficaram os dois, como há trinta anos atrás.

Enquanto se olhavam, Artur jurou a si mesmo que não cometeria mais erros com Ana.

A FAMÍLIA DO SALES

Tudo se passou quando Alfredo regressava de Salamanca, sozinho no seu carro, depois de um curto período onde estivera a avaliar um novo equipamento, ali adquirido. Já se encontrava a rodar em Portugal há mais de meia hora. Estava a anoitecer sobre um fim de tarde quente, de um Verão prematuro. Alfredo decidiu parar para comer. Saiu da estrada principal e entrou numa estrada mais estreita, com a indicação de uma povoação que Alfredo não memorizou, mas que marcava 5 Km de distância. Deve ter, pelo menos, uma tasca qualquer, pensou. Pouco depois, entrou na povoação. Tinha um largo principal com árvores e uma igreja cuidada, branca e outra cor, que lhe pareceu cinzento. Lá estava um: Café-Restaurante Paiva. Alfredo parou o carro próximo e entrou, empurrando uma porta de molas. O café surgia, logo à entrada e havia no fundo, em frente, uma porta, que tinha a indicação: Sala do Restaurante. Esta, era uma sala ampla com aspeto limpo, com poucas mesas ocupadas. Uma Senhora com aspeto de dona indicou uma mesa a Alfredo. Sentou-se e quando começava a ler o menu que lhe entregaram, sentiu que alguém se levantou numa mesa próxima. Alguém que se aproximou, deu a volta à mesa e parou à sua frente. Era um homem dos seus trinta e tais, calça de ganga, camisa de xadrez, tudo de boa qualidade. O senhor é o Engenheiro... Marques, não é? – Sim, sou. Desculpe, mas parece-me que não o conheço. O homem disse: - O senhor conhece bem é o meu irmão. Aliás, se ele soubesse que eu o tinha encontrado aqui, sem lhe dizer nada, ia ter de o ouvir. Sou irmão do Pedro Sales, aquele que o Engenheiro safou em Sesimbra, há uns anos. Eu estava lá e vi.

Alfredo lembrou-se da cena em que tinha salvo, ou ajudado a salvar, um homem que se debatia no mar de Sesimbra, arrastado por correntes. Nadou até ele e aguentou-o firme à superfície, até chegarem reforços, uma eternidade depois.

- O Engenheiro nem pense em comer sozinho, aqui. Ó Dona Maria, levo-lhe um cliente, mas já lhe trouxe muitos mais. – Não faz mal, Senhor Sales, disse a Senhora. - Vou ligar ao meu irmão, é aqui a nove ou dez quilómetros. Dá tempo para quando lá chegarmos já estar tudo preparado, continuou.

- Ó senhor Sales estou cansado e preciso de seguir caminho, por favor, disse Alfredo.

- Nem pensar, sabe que o meu irmão tentou encontrá-lo depois do acontecimento e não conseguiu. Só se sabia que era Engenheiro e Marques. Procurou-o meses a fio.

Alfredo estava em Sesimbra a passar o dia com amigos, quando aquilo aconteceu e, mal viu que o homem estava bem, desandou com os amigos, sem falar com ninguém.

O Sales foi telefonar e Alfredo percebeu que não tinha maneira de fugir daquilo.

Quando voltou, disse: - O Pedro ficou radiante, mandou preparar o melhor. A propósito, o meu nome é António Sales.

O António foi despedir-se dos seus colegas de mesa e apontou-o como um herói. Emborcou um café e disse. – Senhor Engenheiro, é melhor seguir atrás do meu carro.

Alfredo pediu desculpa a Dona Maria e seguiu o António Sales. Já não tinha forças para contrariar a sua energia. A viagem ainda levou um bocado e Alfredo sentia-se exausto.

A casa do Pedro Sales era o tipo de vivenda de um industrial bem sucedido, ou com a aparência de tal, como há muitas neste país.

Quando Alfredo saiu do carro, lá estava o homem de que não se lembrava, nem pouco mais ou menos. Não era muito alto, nos seus quarentas, com algumas brancas, como Alfredo, aliás.

Pedro agarrou-se a Alfredo, num abraço que parecia ser sincero, quase violento.

– Sabe, é a minha vida que eu estou a abraçar! Estaria do outro lado, sem a sua coragem.

Alfredo, reagiu e disse algo desajeitado: - Fiz ... o que fui capaz. Bom...

- Não sou ingrato Senhor Engenheiro, esperei por este abraço tempo demais. Depois apresentou: - Esta é a minha mulher, Marta, este é o Miguel, o meu filho e esta a caçula, a Guida. A Senhora estava vestida com elegância, o rapaz com uns dezoito anos tinha bom aspeto e a Guida teria uns nove anos e devia ser o bibelot da família.

António, o irmão, despediu-se, entretanto, tinha um compromisso qualquer.

Por dentro, a vivenda do Sales era luxuosa e confortável. Bom gosto, de um modo geral. O jantar que se seguiu foi qualquer coisa que surpreendeu Alfredo, considerando o tempo em que foi preparado. Não esperou quase nada. Foi-lhe servido um consomé delicioso, lagosta com saladas variadas, bife de presunto transmontano e doces regionais. Quanto aos vinhos: Cova da Ursa, 1989 (Branco) e tinto da produção do Sales, um Dão com uns anos, uma autêntica maravilha.

Foi uma refeição soberba e despertou Alfredo. Tudo decorreu num ambiente da maior simpatia. Só o filho Miguel parecia nervoso e preocupado, tendo sido admoestado pelo pai, várias vezes. Durante o jantar ficou a saber das fábricas do Sales, dos estudos das crianças e muitas coisas mais. Marta tinha uma maneira elegante de se exprimir e mostrava ter formação superior.

Já passava da meia noite quando Alfredo mostrou interesse em se despedir. Pedro Sales pareceu indignar-se. Meu amigo, já tem um quarto preparado. Vai amanhã, qual é o problema? Alfredo acabou por concordar e meia hora depois estava no seu quarto. Era um quarto ótimo com uma ampla varanda lateral, quarto de banho e até instalação de som com CDs escolhidos.

Alfredo pensava na espantosa coincidência dessa noite. Encontrar pessoas que o procuraram por todos os meios, exatamente num restaurante perdido, onde foi parar por mero acaso.

Ia começar a despir-se para se deitar quando lhe pareceu ouvir barulho na varanda do quarto. Esperou, não sentiu mais nada, ia prosseguir, quando, de repente, ouviu nitidamente bater na porta de vidro da varanda. Surpreendido, Alfredo dirigiu-se ao reposteiro, afastou-o e abriu a porta. Era uma bela rapariga, vestida com calças justas, que saltou para trás, mal viu Alfredo. Recuou e preparava-se para galgar a varanda quando Alfredo a agarrou.

- Pode magoar-se, entre. É melhor sair pela porta, como faz toda a gente, disse Alfredo, um tanto confuso.

- Onde está o Miguel? Perguntou a moça.

- Não sei, deve estar no quarto dele. Respondeu Alfredo, que já percebera tudo. O Miguel e ela deviam encontrar-se às escondidas no quarto de hóspedes. Ela era, certamente, boa trepadora.

- Entre, eu não faço mal a ninguém!

A moça relutante, lá entrou.

- Quem é o Senhor?

- Eu, sou um hóspede inesperado, que vos deve ter estragado a noite, disse Alfredo.

- Não é o que está a pensar. Disse ela, afastando o olhar.

- Eu devia ter percebido que a porta fechada significava que ele não estava! Ele não me podia ter avisado porque eu estive fora, disse ainda. Por favor, não diga nada aos pais. O Miguel é que iria sofrer!

– Sobe e desce a varanda com facilidade? Perguntou ironicamente Alfredo.

– Descer é pior, mas é só um primeiro andar, respondeu.

- Por que que é não se encontram normalmente, como toda a gente? Perguntou Alfredo.

- Não sei se posso confiar em si. Disse a jovem.

– Acho que sim, mas faça como quiser, retorquiu Alfredo, sentado--se na cama. Estava em mangas de camisa e sem sapatos.

- A princípio era bom, mas depois o Sales soube e proibiu.

– Porquê? Perguntou Alfredo surpreendido.

A moça não respondeu. Sentou-se na carpete, no chão e pôs a cabeça entre as mãos. Algum tempo depois disse:

- Não percebo bem porquê mas o Daniel pensa que o pai acha que eu sou também filha dele. É um grande segredo, não devia falar nisto a ninguém.

- Desculpe, e a sua mãe, nunca falou com ela sobre o assunto? Perguntou Alfredo.

- Deus! Nunca seria capaz de lhe perguntar tal coisa. Aliás, adoro o meu pai!

- Vive com os seus pais? Perguntou Alfredo.

- Sim, é o segundo casamento da minha mãe. Respondeu.

- Porque é que não fazem o teste de paternidade? – Perguntou Alfredo.

- Que é isso? Perguntou.

- É qualquer coisa em que as pessoas tiram sangue, analisam o ADN e podem saber se são, ou não, irmãos. Faz-se isso já, cá em Portugal, estamos a meia dúzia de anos do século 21.

- Tenho de falar ao Miguel, disse. Estou com medo. Se formos irmãos não sei se vou resistir. Alguns instantes depois perguntou:

- Pode ajudar-nos?

- Claro. Como é que se chama? Perguntou Alfredo.

- Chamo-me Clara, disse.

- Olhe, Clara, preciso de dormir. Amanhã vai ser um dia difícil para mim. Dou-lhe um cartão com os meus números de telefone. Daqui a uns dias ligue-me, que eu então já saberei dizer-lhe mais sobre os testes. Está? De facto, o melhor é você descer pela varanda. Disse Alfredo.

Clara agradeceu com aqueles seus belos olhos, apertou a mão a Alfredo e dirigiu-se para a varanda. Alfredo viu desaparecer os seus caracóis para lá do resguardo de pedra.

No dia seguinte, de manhã, um pequeno-almoço suculento foi a última recordação que Alfredo reteve daquela estada na vivenda do Sales.

Dias depois, Alfredo recebeu a chamada de Clara. Disse logo que o Miguel lhe queria muito agradecer. Alfredo já tinha os elementos todos sobre os testes e indicou-lhe, inclusive, a pessoa certa para os solicitar. Disse-lhe ainda que se tivessem dificuldades em pagar, ele ajudaria. Estes testes são caros.

Passaram mais de dois meses até ter, de novo, notícias do casal. Teve-as ao vivo, apareceram no serviço de Alfredo, felizes, com os resultados dos testes. A exclusão de consanguinidade era totalmente garantida.

Era um casal bonito e simpático, irradiando juventude, mas não fora só para dar a notícia que lá apareceram. – Queria pedir-lhe um grande favor, disse Miguel. O meu pai tem de saber este resultado e eu não tenho coragem para falar nisso com ele. O Engenheiro é um deus para o meu pai...

- Diga-me uma coisa, Miguel, por que é que desconfia que o seu pai pensa nessa possibilidade da Clara ser sua meia-irmã? Perguntou Alfredo.

– Porque a minha mãe tem uns ciúmes danados da mãe da Clara e, numa discussão com o meu pai, que eu ouvi, pareceu-me perceber uma alusão a um romance, antes do segundo casamento. Além disso, a mãe da Clara também não alinha nada com o nosso namoro. Diz que não somos boa gente. A minha mãe, apesar dos ciúmes, nunca se opôs e o pai da Clara é fixe. Respondeu o Miguel.

- A minha mãe teve pouca sorte na vida e ficou mal depois da morte do primeiro marido, disse a Clara, em tom de desculpa.

- Se nos fizesse este favor, salvava mais uma pessoa na família Sales, disse Miguel em tom de piada, para voltar ao assunto que lhe interessava.

Alfredo não podia resistir à possibilidade de dar continuidade à felicidade daqueles dois.

Pediu o contacto do pai ao Miguel, na fábrica.

Alguns dias depois telefonou ao Sales. Queria estar com ele para lhe agradecer e para lhe falar num outro assunto. O Sales iria a Lisboa daí a alguns dias e Alfredo podia antecipar uma ida a Lisboa que tinha projetada para mais tarde, sem qualquer prejuízo.

Almoçariam nas docas.

Alfredo preparou ao pormenor o que iria dizer. Sabia que era um assunto delicado e não queria cometer erros.

O peixe grelhado estava uma delícia e a conversa excelente. Aproveitando a boa maré, Alfredo avançou:

- Havia um assunto de que lhe queria falar. Não interessa como, soube da oposição que tem feito ao namoro do Miguel com a Clara. Dado que as razões parecem ter a ver com consanguinidade, aconselhei-os a fazer um teste de paternidade. Tudo à minha responsabilidade. Já fizeram e queria-lhe dizer que, sem qualquer dúvida, eles não são irmãos. Pode estar descansado. O Sales tentava disfarçar a cor de tomate bem maduro e os olhos inflamados com que, subitamente, ficara. Pareceu a Alfredo ouvi-lo dizer entre dentes: Granda pu..!

Quando se recompôs o Sales disse:

- O Engenheiro quando aparece na minha vida é sempre para me salvar. Fique descansado, vou deixar o rapaz à vontade com a Clara, que é uma excelente moça.

O almoço continuou, mas o Sales estava outro. Evitou o café.

Alfredo regressou a casa e apressou-se a falar ao Miguel que lhe agradeceu efusivamente: O Alfredo é o meu herói!

O tempo passou, tornando o assunto cada vez mais distante. Pouco mais de um ano depois Alfredo recebeu o convite do casamento de Clara e Miguel. Ficou, sinceramente feliz. Gostava mesmo daqueles miúdos.

A noiva estava deliciosa com um vestido que desenhava o seu corpo de deusa trepadora.

Miguel, com o seu cabelo muito negro, não ocultava uma emoção tão espontânea que comovia qualquer um. No almoço ficou junto de Marta. Contida e elegante, como sempre, foi uma agradável companhia. Conheceu os pais de Clara. Ela, elegante, fazia lembrar uma executiva de sucesso, bem vestida, bem calçada, bem pintada. Ele, um tipo recatado e simpático, uma verdadeira sombra esbatida da mulher.

Reparei que ela e Marta se evitavam o mais possível. Pareciam deusas rivais num Olimpo de trazer por casa.

Já tarde avançada, a mãe de Clara aproximou-se de Alfredo e começaram a falar. Depois de umas frases iniciais, sem interesse, disse:

- Não gosto de remexer no passado mas terei de fazê-lo, consigo. Queria primeiro agradecer-lhe o apoio que deu à Clara e ao Miguel.

- Por quem é, não fiz nada de especial, respondeu Alfredo que, com um copo de bom espumante português na mão, recebia as ondas do seu perfume.

- Acho que o Alfredo é um bom amigo e que merece saber quem são as pessoas que tem à sua volta, continuou a mãe de Clara. Há um ano atrás, quando fizeram os testes, fiz o papel de má da fita. Não me importaria de deixar tudo como está, se fossem outras pessoas. Queria dizer-lhe que, apesar de não serem irmãos, o pai da Clara é mesmo o Sales, não pode ser mesmo mais ninguém, acredite. Já lá vão muitos anos mas, depois do que ele me fez, esta possibilidade de vingança, oferta do destino, soube-me mesmo bem. A minha vingança é calar-me.

Se o fizer, poupo um desgosto à minha filha, faço sofrer o Sales por pensar que foi traído por mim e, ainda por cima, vai continuar a viver com quem sempre o traiu. Certamente o Senhor Engenheiro percebe.

O marido aproximava-se com o seu ar bonacheirão.

- Ainda não tinha agradecido ao Sr. Engenheiro a amizade que tem mostrado pelos noivos, disse-lhe a mãe de Clara.

No regresso a casa, Alfredo ia pensando no assunto. Mais uma vez, riu-se da sua própria ingenuidade e de outras, maiores ainda, que eram as do Sales e do pretenso pai de Clara. Desta vez é que ele não podia salvar o Sales! Alfredo riu-se selvaticamente. Se fosse ele, ia era direto fazer o teste à pequena Guida! Continuava com o seu riso exagerado mas, de repente, lembrou-se que estas coisas podem acontecer, mesmo aos melhores, e parou.

VIAGEM ATÉ AO RIO

Fins dos anos cinquenta. Ia frequentar um curso de pós-graduação em metodologia de radioisótopos, na então Universidade do Brasil, no Rio de Janeiro.

Uma parte importante da família vivia no Brasil. Três tios no Rio de Janeiro e mais um em S. Paulo. Um dos tios do Rio, era muito rico. O mais novo um "bon vivant". O terceiro vivia bem.

A vinda de Portugal de um sobrinho doutor era um acontecimento importante para os familiares a viverem naquelas paragens. Eram os tempos da Varig, do Superconstellation e do trajeto Lisboa-Sal-Recife-Rio. Era a minha primeira grande viagem. Ao meu lado, no avião, uma miúda dos seus doze anos, linda que nem uma flor. Só que, a certa altura da viagem, a flor virou-se para o meu lado e vomitou-me em cima, fartamente. Apanhado de surpresa, fiquei num estado deplorável e a cheirar horrivelmente. Lá me limpei como pude nos lavabos do avião, despi a roupa atingida (fato e camisa), lavei o que cheirava no corpo e vesti a roupa que as hospedeiras do avião me trouxeram: uma farda de comissário, essa a cheirar a tabaco. Só não tinha era o boné. No aeroporto do Recife, enquanto esperava que me limpassem o fato, imponente com a farda de comissário, sentia-me olhado pelas jovens com uma frequência e intensidade que não eram habituais, e foi bom, porque o meu moral tinha ficado um bocado abalado com aquele vómito.

Mudaram-me então para a primeira classe, na viagem até ao Rio, tipo prémio de consolação, já com a minha roupa limpa e sem cheirar a vomitado.

A Tia que vivia em S. Paulo tinha-me pedido que lhe levasse o serviço de casquinha, finamente trabalhado, que lhe tinham dado como prenda de casamento, realizado em 1924, e que tinha deixado ficar em Coimbra. O serviço era constituído por uma bandeja e um conjunto de cinco ou seis peças, desde um bule a um açucareiro. Acomodei aquilo tudo entra as roupas, na mala. No Rio, na alfândega, não declarei nada. Por azar, mandaram-me abrir a mala. Imaginem agora uma senhora com luvas brancas a meter a mão na roupa da mala e a pescar sucessivamente todo aquele material. Os passageiros brasileiros na bicha, atrás de mim, sempre divertidos, iam dizendo: "Peça linda, cara! Antigo mesmo!, etc." à medida que as coisas iam surgindo. Até que o serviço ficou completo, com bandeja e tudo, ali, em cima do balcão. "Uma belezura" disse alguém. "Não quer vender?" – perguntou outro.

- O Senhor não declarou estas peças, disse a dama da Alfândega com voz marcial. Vai sofrer as consequências legais previstas! Lá lhe expliquei que o serviço era de casquinha sem grande valor comercial. O seu valor era ser uma recordação de um casamento. Não ficou convencida e foi chamar o chefe, que também não devia saber o que era casquinha, mas que, após algumas perguntas, como não encontrou a marca da prata, me deixou passar. Houve palmas!

Compus a bagagem e desloquei-me para a saída carregado de malas. Eram cinco os parentes que me aguardavam no aeroporto. Nenhum da família muito rica.

DRAMA INTERNACIONAL

Conhecia-o, pelo menos, há vinte anos. Era um tipo muito alto e louro. Em casa, trazia sempre um avental com um enorme saco marsupial, onde tinha as coisas mais diversas. Consegui lá ver martelos, tesouras, frascos de whisky, latas de tinta, peças de fruta, broquins e até um par de sapatos.

Era engenheiro electrónico e fora professor durante anos numa Universidade Sul-Africana. Era um bom amigo, excêntrico, culto e apaixonado por música russa. Aprendera a língua para perceber bem os libretos das grandes óperas dos compositores russos. Cantava áreas do Boris Goudonov, no texto original, de maneira impressionante, com a sua voz grave de baixo profundo.

Tinha uma enorme sala de música com cómodos sofás de veludo castanho escuro, estantes cheias de discos, o seu piano de cauda e uma fabulosa instalação sonora.

O Melo tinha câmaras de televisão nesta sala pois gostava de gravar actuações musicais com convidados que frequentemente se encontravam em sua casa.

Uma noite musical em sua casa era, em simultâneo, um banho de cultura musical e um tempo de prazer.

Há alguns anos atrás o Melo conhecera uma bela russa numa das suas deslocações para leste. Tudo parecia indicar um amor à primeira vista e começaram de imediato a fazer projectos para o futuro. Quando Sonja veio a Portugal pela primeira vez, o Melo ensinou-lhe as frases em português que ela deveria dizer aos futuros sogros, quando se encontrassem no aeroporto. Depois dos abraços, Sonja disse à mãe do Melo, uma senhora de grande distinção, o que o Melo lhe ensinara: - Monte de bosta às suas ordens!

A palidez da Senhora passou despercebida porque toda a gente se riu, mas Sonja não gostou nada, quando lhe explicaram o que se passara.

Os pais do Melo receberam Sonja com entusiasmo e tudo parecia correr pelo melhor. Começava a falar-se num elegante casamento internacional.

Um pouco mais de um mês depois da chegada de Sonja tudo se esmuronou.

O Melo, por acaso, ao escolher vídeos para reutilizar, viu no monitor o seu próprio pai, em camisola interior e meias, abraçado a Sonja, sem meias nem camisola interior, no belo sofá de veludo castanho escuro. Não repararam que o Melo, por esquecimento, tinha deixado o sistema ligado.

O violento soco que Melo deu no peito do pai partiu-lhe uma costela com compromisso pulmonar e, ao expulsar Sonja de sua casa, colérico, disse em russo: - Desaparece daqui suina russa sem moral!

Sonja só disse ao Melo três palavra, em português, antes fechar a porta do apartamento, atrás de si: - Monte de bosta!... e afastou--se rapidamente.

NINA

Alfredo riu-se de si mesmo, quando se lembrou da bela Nina.

Fora uma outra história onde se sentira bastante mal!

Nina era um misto de beleza, simpatia e tudo o mais que se possa imaginar num ser do género feminino, com vinte e poucos anos. Trabalhava na secção ao lado de Alfredo, tinha um curso médio de economia. O seu namorado era uma bisarma do andebol, por acaso bom rapaz, que o pessoal conhecia por este esperar a namorada, com frequência, à entrada do serviço.

Alfredo tinha um relacionamento normal com Nina e até com o noivo.

O Lopes era o chefe do serviço onde Alfredo trabalhava. Era um engenheiro competente, mas falso como uma cobra e que pensava demasiado em mulheres. Um dia Nina entrou na sala onde Alfredo estava a trabalhar, sentado na sua mesa e começou a falar com o Bastos, um outro colega. Durante a conversa, Nina, que estava de costas para Alfredo, foi recuando e encostou naturalmente as nádegas à mesa de trabalho, a metro e meio de Alfredo.

Lopes que se aproximara, viu aquele cenário, estendeu a mão sobre a mesa, apalpou de mão cheia o rabo da Nina e afastou-se, num ápice.

Nina rodou sobre si mesma, sem grande pressa, como que a preparar o ataque e, corada, encarou um Alfredo estarrecido, dizendo, com ímpeto:

- Nojento!

Voltou as costas e saiu com passos largos.

Ninguém parecia ter visto ou ter-se apercebido da cena, nem mesmo o Bastos que, entretanto, se afastara. Alfredo, esse, ficou mudo que nem uma estátua.

- Tás lixado é com o noivo, disse, pouco depois, com a sua voz inconfundível, um Lopes, já à distância e com ar sorridente.

Alfredo pensou que se falasse no assunto e o Lopes negasse, estaria a levantar uma questão difícil para si próprio. As pessoas iriam acreditar que o chefe tinha ido à sua mesa para apalpar o rabo à Nina, e que esta, quando se voltou só viu Alfredo? Os colegas, mesmo sabendo o gosto do chefe por aquelas coisas, tinham muito mais para acreditar nele do que em Alfredo. Este pensou na estratégia a seguir. Não estava disposto a arranjar complicações. Se não aparecesse o homem do andebol, consideraria aquilo como piada e nada faria. Caso encerrado.

Nada aconteceu. Quando, dias depois se cruzou com o noivo de Nina, o cumprimento deste foi perfeitamente normal. Nina devia ter decidido não lhe contar nada mas, quando passava por Alfredo, era como se se cruzasse com um cão.

Alfredo, entretanto pensou e resolveu vingar-se do Lopes.

Um amigo de infância de Alfredo trabalhava num Departamento da Universidade, em Acústica e era especialista em fala e voz humanas. Tinha-lhe dito, uma vez, que se tivesse um registo de uma particular voz, após algum processamento, era capaz de pôr essa voz, ou pelo menos, uma muito parecida, a dizer qualquer frase. Não seria difícil arranjar uma gravação da voz de Lopes, pensou Alfredo. Este contou a cena de Nina ao amigo e falou numa eventual utilização da voz de Lopes para o lixar e perguntou-lhe se ele o podia ajudar. A resposta foi um não, por razões éticas. Mas, posso ceder-te indicações sobre os programas e, o resto é contigo, disse depois.

Alfredo tinha boa preparação em informática e razoáveis conhecimentos de acústica.

Não foi fácil, contudo, chegar a resultados perfeitos. Teve de investir tempo e dinheiro. Utilizando a voz de Lopes que tinha de uma gravação científica e com algumas achegas do amigo, conseguiu, por fim, ouvir uma voz praticamente igual à do chefe, a dizer:

- Nina, tu és o meu ídolo sexual. Quero fazer amor contigo, mil vezes! Encontra-te comigo e faço-te ir ao paraíso!

Era o estilo do Lopes a falar naqueles assuntos.

Tinham passado quase dois meses sobre o incidente com Nina.

Alfredo tinha um bom gravador portátil. Ligou de uma cabine telefónica. Mal Nina respondeu, ligou a gravação. Ouviu-se, perfeita, a voz inconfundível do chefe e o desligar irritado de Nina.

No dia seguinte, ao fim da tarde, Nina e o noivo, com cara de poucos amigos, entraram no serviço de Alfredo e pediram para falar com o Lopes. Ouviram-se depois vozes alteradas. Não se sabe o que se passou mas, quando saíram, o Lopes estava absolutamente fora de si e ouviu-se dizer:

- Ora esta! O que me havia de acontecer!

Ao lado, Alfredo estava, na aparência, profundamente empenhado no seu trabalho.

Contou ao amigo que o tinha ajudado o êxito da operação. Este, porém, não pareceu minimamente animado e perguntou:

- Olha lá, não podes gravar a voz da Nina?

Alfredo disse que talvez, teria de esconder o gravador num lugar qualquer.

- Porquê? Perguntou Alfredo. A resposta foi:

- Podias pôr a voz da Nina a convidar o Lopes para um encontro e depois, deixar o gajo à espera ao frio, até se chatear. Depois, ainda podia apanhar uma chapada da Nina, se lhe fosse pedir explicações. O teu chefe merece um apertão maior do que aquele que lhe deste. Mas, claro, eu não me meto nisso, é uma mera sugestão.

Com alguma sorte Alfredo conseguiu gravar a voz de Nina, com excelente qualidade, sem ela se aperceber.

Uns dias depois, tinha sintetizado as frases que iriam ser ditas. À noite, lá foi à cabine telefónica. Depois de atender, Lopes ouviu a voz de Nina dizer:

- Lopes, é a Nina. Fiquei a pensar. Quero encontrar-me consigo amanhã, junto da porta da Catedral, às cinco e meia. Não me procure até lá. Tenho de desligar. Adeus.

Do gabinete do amigo de Alfredo, na Universidade, com um binóculo, viam-se perfeitamente as pessoas à entrada da Catedral.

No dia seguinte, às cinco e meia lá estava o tarado, à porta da Catedral. Não resistira. Esperou quase duas horas naquele frio e chuvoso fim de tarde, depois, desandou.

O que passou, em seguida, não se sabe muito bem, mas, após uma segunda visita do namorado da Nina ao gabinete de Lopes, este apareceu com o olho esquerdo bastante inchado.

A operação voz terminou aqui. Nina nunca mais falou com Alfredo. Não havia nada que pudesse ser dito. Afinal de contas, Alfredo também se tinha divertido um bom bocado.

CARLOS

Carlos entrou silenciosamente no templo, controlando os passos para evitar o ruído.

Não era seu costume entrar em igrejas, nem proceder desta maneira, mas estava numa espécie de êxtase. Tinha-a visto entrar, qual visão etérea de um ser de paraísos não mencionados. Localizou-a facilmente, dentre os poucos e dispersos fiéis.

De joelhos com a cabeça inclinada e coberta por um véu de renda, branco e dourado, em profundo recolhimento, ela pareceu-lhe um ser mais que perfeito.

Carlos foi-se aproximando e acabou por se sentar, umas filas atrás, bem em linha com a maravilhosa visão que perseguia. Olhava-a e sentia ondas quentes a subirem, lentamente, no seu interior.

De repente ela levantou-se e olhou talvez na direção de Carlos, antes de se sentar.

Toda a beleza do barroco de transição que o rodeava, naquele imenso templo, pareceu desvanecer-se quando viu a magnífica face, emoldurada por louras madeixas que emergiam do véu, também dourado.

O arrepio que Carlos sentiu prolongou-se, por algum tempo, como se uma estranha resistência ao fluxo nervoso tivesse nascido, naquele mesmo instante.

Pareceu-lhe que havia uma auréola de luz azul pálida a rodear toda aquela harmonia estética de olhos claros.

Lembrou-se de ter ouvido qualquer coisa sobre os efeitos da adrenalina, seria?

Decidiu esperar e abordá-la à saída. Talvez o destino estivesse em promoção!

Visões de um paraíso em tons claros voaram na sua cabeça e ele sorriu.

Esperou e desesperou, até que, por fim, ela se levantou e dirigiu para a saída.

Carlos seguiu-a, uns segundos depois e apressou o passo. Aproximou-se dela e disse: - Importa-se que a acompanhe por uns instantes? Ela, magnífica, olhou-o sem expressão e respondeu: - I nic nie rozumie, a poza tym nie rozmawiam z obcymi! (o polaco de: Não entendi nada e além disso não falo com estranhos!).

A desilusão de Carlos só não foi completa porque não entendeu patavina. Disse então: - Can you speak english? A resposta que veio, tinha uma entoação hostil nítida, que se percebia mesmo que ela tivesse falado mandarim medieval: - Mimo, że nie interesuje mnie mówić rozmowy z idiotami! (o polaco de: Mesmo que falasse não me interessam conversas com idiotas!). Carlos tentou fazer-se compreender por gestos, apontando para si e para ela e pondo a mão na boca para mostrar que queria comunicar. A rapariga afastou-se rapidamente, dizendo: - Czy gestem do piekła! (o polaco de: Vai gesticular para o inferno). Já sem convicção, Carlos fez uma última tentativa: - Are you russian? Aconteceu então o inesperado. A jovem parou, voltou-se e disse num péssimo e irritadíssimo português: - Russa era teu avó, parvalhon! Sou polaco com muto orgulo!

Entrou num Punto de matrícula nacional recente e pôs-se a andar sem olhar para trás.

Carlos, só conseguiu entrar em si uns minutos depois. Tinha pago pela sua própria parvoíce. Por que é que um ser daqueles lhe iria dar confiança!

Pensou então na sua enorme ignorância sobre a Polónia e sobre quase tudo, também. Que horror, da Polónia só se lembrava do Jerónimo Martins. Que vergonha se ela tivesse aceite falar consigo!

Carlos olhou para o relógio. Já estava atrasado, tinha de ir para a manifestação.

O SOM DA DESILUSÃO

Nos seus dezasseis anos Lira era uma autêntica estampa mas cheia de presunção e de sentimentos de superioridade. Filha de um médico famoso, com linhagem vinda da mãe, usava um perfume que ficava e todos os seus gestos eram estudados.

Augusto só lhe via qualidades. Nem mesmo a atitude distante que Lira tinha para consigo o fazia afastá-la do seu pensamento. Tinha a convicção de que cedo ou tarde, tudo se modificaria.

Foi numa festa de aniversário, mesmo chique, que aconteceram factos determinantes. Só alguns colegas do aniversariante, de famílias escolhidas, tinham sido convidados e Augusto, porque o ajudava, com frequência, nos problemas de matemática. Lira estava lá.

Era próximo do Carnaval e uns jovens convidados resolveram fazer uma partida. Colocaram debaixo de uma almofada de um sofá, um daqueles dispositivos que produzem um som fisiológico quando alguém se senta sobre eles.

Foi o acaso. Lira, depois de uma valsa, cansada deixou-se cair abandonada, no dito sofá. Não foi possível evitá-lo. O som produzido, digno do Guiness, deu origem a uma gargalhada geral.

Lira, lívida balbuciou: - Não fui eu! Recompôs-se, logo a seguir, levantou-se e disse, com um esgar de raiva que tornaria clássico qualquer filme de terror: - Vocês não têm categoria nenhuma. Vou-me embora. Seus parvos!

-Então, foi só uma brincadeira, disse, apaziguadora, a mãe do aniversariante. Mas nada a demoveu. Lira saiu imponente pela porta fora, sem se despedir de ninguém.

Augusto correu em seu auxílio. – Eu acompanho-a a casa, disse solícito, quando a conseguiu apanhar já a alguns metros da saída. Lira tinha as lágrimas nos olhos e Augusto sentiu um amor infinito por tanta beleza dolorida. Ela não respondeu e continuou em passo acelerado. Não morava longe.

Augusto sentia o seu perfume e, mesmo sem palavras sentia-se feliz assim, a andar, muito composto, ao seu lado.

Já perto de casa Lira disse: - Devem estar satisfeitos com a humilhação que me fizeram.

Augusto apressou-se a responder: - Não tive qualquer participação naquilo que, aliás, nem me parece que se destinasse a si.

- Além de oportunista é mentiroso, disse Lira. - Sabe, continuou, sempre achei que você tinha cara daquilo que se ouviu. Desapareça, deixe-me em paz!

Augusto pregado ao chão viu-a a afastar-se e pareceu-lhe que levava agarrados, a arrastarem-se no chão, os belos sentimentos por uma musa quase perfeita, que tão platonicamente lhe dedicara.

Augusto já nem voltou à festa. Sentia-se desiludido, frustrado, magoado com a injustiça e com aquelas palavras...

Em casa olhou a sua face ao espelho, longamente.

IGNORÂNCIAS

Quero contar-vos uma estória que trata de ignorâncias. Não é a ignorância momentânea do capitão Gancho*, nem a dos velhinhos a quem o tempo implacável apagou conhecimentos e experiências, nem a daqueles que não aprenderam e pronto, é a daqueles que sabem que não sabem e agem como se soubessem. Aqueles para quem as consequências futuras não contam, ou estão muito abaixo dos seus interesses e desígnios do presente. Aqueles que aprendem a enganar mas são incapazes de aprender o resto.

Penso que a saúde é dos poucos assuntos em que a ignorância assusta o homem. Quando aqueles que conhecemos, capazes de dizerem as coisas mais incríveis, saídas das bases de dados do seu desconhecimento, se sentem doentes, não dizem nada, reconhecem a sua ignorância e vão diretos ao médico. Acho que se certas matérias fossem doenças, as suas análises seriam bem mais credíveis e valeria então a pena ouvir os seus executores... Mas a estrela desta estória é a Josefa.

A Josefa descobriu que era fácil ter a fotografia no jornal. Escolheu até aquela em meio perfil que o Zeca lhe tirou com o Ipod. Bastava escrever um artigo de opinião! Sim, um artigo sobre um tema, de preferência político para a indignação fazer mais sentido e que já tivesse sido defendido, pelo menos por duas pessoas, para minimizar o risco. Novas roupagens, um insulto mais refinado, algum trabalho com o dicionário de sinónimos e já está. Sorriu e pensou nos seus direitos. Era bom saber-se que eles se mantinham, não obstante as nossas intenções. Foi lavar uma roupita, enquanto, mentalmente elaborava um esquema para a sua próxima obra. Tinha de ser de arromba! Gaita, não me posso distrair para não tingir a roupa toda! Oh Zeca já leste o meu texto? – gritou esganiçada. Ouviu-se a voz do companheiro, algum tempo depois: - Eh pá tens uma porrada de erros nesta porcaria! – Oh filho corrige-os se queres ter uma mulher intelectual! Faz alguma coisa, respondeu indignada.

No quarto ao lado o pai de Josefa, setenta e muitos, lia baixinho para adormecer a neta de três anos:

> Conta-me qualquer coisa, avozinho,
> Não quero uma canção de embalar,
> quero adormecer devagarinho
> com uma história d'encantar.
>
> Fala-me de princesas e castelos,
> De grandes aventuras e tesouros
> Em países longínquos e belos,
> Gritos de donzelas, lutas com mouros.

Aquela gritaria da filha fê-lo lembrar-se da Josefa de três anos, a quem ele tantas vezes adormecera com estórias parecidas.

Pensou que já não entendia nada do que se passava à sua volta. Os filhos alteram por completo os valores que receberam dos pais, tudo é dito sem interessar se é verdadeiro ou falso, desde que atinja, já está certo, avançamos numa floresta de incertezas geradas por milhares de opiniões diferentes, opostas, forjadas, sem nexo, tudo vale. Acho que até os analistas já nem acreditam nas próprias análises.

Subitamente, lembrou-se do seu avô pastor de gado que lia os Lusíadas para as suas ovelhas.

---

* Logo a seguir a terem-lhe implantado o gancho, o Capitão esqueceu-se e foi coçar um olho.

A TEMPESTADE

Quando o mar começou a ficar agitado não imaginávamos o que iria acontecer e até nos divertimos um bocado. Na vasta sala de jantar, contra o costume, só estava meia dúzia de pessoas e os criados não conseguiam chegar com os pratos de sopa às mesas, com os balanços que já se sentiam. Só à terceira tentativa é que, numa mesa ao lado, a senhora loura de meia idade viu chegar o seu caldo verde, que teve de comer rapidamente. Beber pelos copos também era difícil mas lá consegui beber um copo de vinho branco com o bacalhau à Gomes de Sá que me serviram.

O navio, o Infante D. Henrique, era um dos maiores e melhores dentre aqueles que faziam as linhas de África, na década de sessenta. Estávamos nas proximidades do Cabo das Tormentas, rumo a Moçambique. Tinha corrido tudo muito bem até ali, à exceção dos enjoos dos elementos da família. A filha de quatro anos, teve mesmo que levar soro, a certa altura.

Pelas dez e meia o estado do mar começou a agravar-se e achei que esperavam o pior no navio, pois colocaram chapas de ferro de proteção a tapar as janelas dos camarotes que, como era o caso do meu, se situavam na parte da frente do navio.

Mal jantei fui para o camarote para dar assistência aos enjoados, esposa e filhos.

Periodicamente, lá ia com um balde receber os produtos da aflição.

Foi pelas onze que as coisas ficaram mesmo feias. As ondas enormes batiam na proa e vinham cair sobre as chapas de ferro das janelas, com um barulho alarmante.

Sentia-se o navio a subir em ondas gigantescas e, de repente, atingido o topo da onda, rodar sobre si mesmo e ir bater com o casco do outro lado da onda, refletindo e batendo várias vezes, fazendo um chap chap de arrepiar, até parar e começar logo a subir, de novo. Tudo rangia à nossa volta, as crianças gemiam, a esposa apavorada tentava acalmá-las com um "isto já passa", pouco convincente. Em boa verdade eu estava tão preocupado como eles mas ia dizendo que o barco era o melhor, não havia perigo, era sempre assim no Cabo, etc.

Quando finalmente me deitei, ficava na cama superior de um beliche, tinha de me agarrar para não cair porque sucedia um fenómeno interessante quando o barco subia nas ondas. Era como se a gravidade se invertesse. Somos empurrados para cima, a cova feita pelo corpo no colchão de molas vai diminuindo e, a certa altura, parece que se projeta para fora e origina desequilíbrio. A aceleração da onda suplanta a gravidade.

A certa altura comecei a sentir uma fome horrível. Já sabia que se não comesse ia enjoar que nem uma pescada e isso seria muito mau para o clã. Decidi levantar-me e ir à cozinha, que sabia onde ficava, comer qualquer coisa. A minha viagem até lá foi inesquecível, uma sequência de avanços e recuos, tombos e o agarrar frenético ao que pudesse, pelos corredores do convés e a ver a dimensão incrível daquelas ondas. Havia alturas em que o barco estava muitas dezenas de metros abaixo da crista das ondas e só se via mar, olhando para cima.

Lá consegui chegar à cozinha. Entrei e dei-me com dois cozinheiros horrivelmente enjoados, meio deitados em cadeiras e que nem olharam para mim. "Queria comer uma frutinha, se fosse possível" disse eu. O mais novo apontou-me para um frigorífico

com um gesto de moribundo terminal. Corri para lá, abri-o e dei-
-me com umas uvas excelentes, dependuradas em várias camadas.
Comi até me fartar.

No regresso encontrei um dos oficiais do navio que me disse ser
a pior tempestade a que tinha assistido e que estavam preocupados
com os danos no navio.

Começaram os sinais de acalmia pelas duas e meia da manhã e,
em breve, as crianças exaustas, adormeceram.

O mar serenou com o romper do dia e quando, naquela manhã
de sol, pelas onze e tal, vim até ao convés, fiquei de boca aberta
ao ver os estragos. Ferros torcidos. Peças arrancadas. Barcos salva
vidas desaparecidos.

Mas havia alegria nos rostos das pessoas. Tínhamos dobrado o
Cabo das Tormentas!

www.ingramcontent.com/pod-product-compliance
Lightning Source LLC
Chambersburg PA
CBHW051834020726
47502CB00005B/1786